［日］横山光昭 / 著

陶琳 / 译

10岁
开始学
投资理财

民主与建设出版社
·北京·

© 民主与建设出版社，2021

图书在版编目（CIP）数据

10 岁开始学投资理财 /（日）横山光昭著；陶琳译
. —— 北京：民主与建设出版社，2020.12（2025.3 重印）
ISBN 978-7-5139-3323-0

Ⅰ . ① 1… Ⅱ . ①横… ②陶… Ⅲ . ①投资－基本知识
Ⅳ . ① F830.59

中国版本图书馆 CIP 数据核字 (2020) 第 234249 号

KODOMO GA 10 SAI NI NATTARA TOUSHI WO SASENASAI
by Mitsuaki Yokoyama
Copyright© Mitsuaki Yokoyama
Originally published in Japan by SEISHUN PUBLISHING CO., LTD., Tokyo.
Complex Chinese translation rights arranged with SEISHUN PUBLISHING CO., LTD., Japan.
Through Lanka Creative Partners co., Ltd., Japan and Rightol Media Limited.
Simplified Chinese translation copyright ©2020 by BEIJING BAMBOO STONE CULTURE
COMMUNICATION CO.,LTD.
All rights reserved.
本书简体中文版权由北京竹石文化传播有限公司所有
版权登记号：01-2021-1827

10 岁开始学投资理财
10 SUI KAISHI XUE TOUZI LICAI

著　　者	［日］横山光昭
译　　者	陶　琳
责任编辑	吴优优
封面设计	姿　玖
版式设计	崔　旭
出版发行	民主与建设出版社有限责任公司
电　　话	（010）59417749　59419778
社　　址	北京市朝阳区宏泰东街远洋万和南区伍号公馆 4 层
邮　　编	100102
印　　刷	天宇万达印刷有限公司
版　　次	2021 年 4 月第 1 版
印　　次	2025 年 3 月第 4 次印刷
开　　本	880mm × 1230mm　1/32
印　　张	6
字　　数	150 千字
书　　号	ISBN 978-7-5139-3323-0
定　　价	42.00 元

注：如有印、装质量问题，请与出版社联系。

我家里总共有八口人，我、妻子和六个孩子。

长女已经进入社会工作；次女现在上大四，刚刚参加完就职活动；三女儿今年上大一；四女儿上高一；五女儿上小学五年级；最小的儿子现在上小学二年级。看到我们这么庞大的家庭，很多人都会吓一跳。

他们之中，有可以挣钱养家的，也有每个月需要花掉家里好几百日元零花钱的，因而家里的经济问题很复杂。

因为我和妻子都是理财规划师，所以到现在，大约有23,000人来找我们咨询过家庭经济的问题。

基于这种环境，我们与孩子之间也从不避讳谈钱。比如，我们每个月都会进行家庭管理会议。无论是家庭收入和支出，还是储蓄和投资，所有关于钱的数字都让孩子们知道，而且他们还会参与家庭金钱使用方法的讨论（关于这一点，后面会详细说明）。

我们一直采用这种做法，受其影响，长女现在已经可以有计划地使用自己的钱，成为一个"节约家"。虽然老三和老四

还处于一个能够自由自在花钱的时期，但我也能感觉到她们花钱时的目的与意识。

明明身处同一个家庭，但他们的金钱观却各不相同，这的确很有趣。

作为一位理财规划师和一名父亲，我会把我想对孩子们说的话全部总结在本书中。

虽然书名里提到了"投资"二字，但这绝不意味着让他们从现在开始就慢慢存钱。

所谓的投资，可能会包含股票类的短期买卖或外汇、虚拟货币等，但本书要讲的是"通过长期、少量，且多次的运作来产生成果的投资"，商品主要以投资信托为主。

这里所说的长期，通常来说是20年以上，最短的也要10年。因为对于孩子来说，时间就是他们的武器，这是成年人不具备的。在储蓄投资方面，经营时间足够长的话，其收益是很可观的。

根据日本金融厅的数据，投资信托保有5年的情况下，所购买金融商品的总价可能会低于投资额，但当保有时间达到20年时，年利率基本可以达到2%~8%。

长期的储蓄投资，只要方法不出现问题，你一定可以增加收入。其实，长女在她20岁的时候，就立刻开了iDeCo①账户，每月她都会投入23,000日元，现在她的资产成长非常顺利。

有人跟我讨论过"老后要积攒两千万日元"的问题，我则笑着说："30年以后？照这种情况发展，完全没问题啊！"

另外，我把10岁作为一个人考虑金钱问题的起始点。这是我在对这五女一儿的教育过程中得出的经验，也是在家庭管理会议中孩子们传达给我的实际感受。

孩子们长到10岁的时候，会认识到钱花完了就没了，在此

① iDeCo：这是一种由自己选择的个人定存养老金制度。加入者每月可以存入一定的资金，并将其自行运用到定期存款、保险、投资信托等金融项目上。到60岁之后可以每年或一次性领取补助金。

基础上他们会进行有目的的消费。

"现在要是把我想要的东西全部买下来的话，我就没有零花钱了。所以我暂且先忍一忍，等下个月拿到零花钱之后，把两个月的钱攒起来，然后再买吧。"

"压岁钱不能马上花完，等到哪天我的零花钱不够了，再从我的压岁钱里拿出一部分来补充，这样压岁钱就可以剩余一些了。"

10岁，就是一个可以自行考虑有计划消费的年龄。

在这个时间点让孩子学习一些与金钱有关的知识和与投资有关的信息，可以培养他们的金钱意识。

尤其是对于投资，由于孩子们不会考虑太多其他的事情，所以我觉得他们会比成年人更能抓住重点。

我希望现在的孩子们将来不要遇上金钱上的困难。而这样的想法，每个父母都会有，出于此，我写了本书。

或许有人会问："我自己对家庭经济都不太了解，怎么去教孩子呢？"没关系，大家和孩子们一起学就可以了。通过本书，可以学会金钱与投资，同时也能了解金钱与社会。

在与孩子谈论金钱问题的过程中，你的理财能力会得到提升，如果你能实现这一点，身为作者的我也会感到高兴。

目录

CONTENTS

第二章 **教孩子增加收入**

第三章　让孩子学习金钱与社会的知识

结语

了解你与孩子的现在

——六个关于金钱的问题

在之前找过我咨询的23,000人当中，有七成到八成的人会对金钱问题感到不安。

虽然他们有很多不安，但具体因为什么而感到不安，大多数人也很难说清楚。还有很多父母，一说到孩子的事，他们就会说"将来希望孩子能多挣点钱，要是他们存款不够的话，我会很烦恼"。

确实，对于生活来说，钱是必不可少的，但如果一个人由于对缺钱的恐惧，一心只想着挣钱，为了存钱无所不用其极，这样的家庭恐怕也称不上幸福吧。

我针对一些人的家庭经济赤字，经常会建议他们进行一些储蓄。不过，这并不是要人们克制自己的一切欲望，过一种节约型的生活，而是要形成一种与金钱友好相处的生活方式。当然，某种程度的克制与节约也是必要的，但是这样的生活可以让孩子每天都过得快乐，并能够实现家庭幸福。

那些从小就接触钱，如今可以依靠自己，实现经济独立的成年人们，为什么会对金钱问题感到不安呢？

原因就在于教育。

与人的生活息息相关的金钱问题，在学校的教育中，通常是不会涉及的。

虽说人们会有一些学习贸易和世界经济的机会，但教授金钱知识的课程几乎没有。要知道，这些知识在进入社会后是很有用的。所以，一些投资和保险等行为，人们只能到成年之后自学了。

也就是说，虽然钱与人的生活息息相关，但人们几乎不了解它的本质。这也就是为什么成年人对金钱问题的不安会一直挥之不去。

另外，我也觉得，很多家庭都不怎么跟孩子谈钱。当然，这其中的一个原因是父母本身也不太懂，因而无法教给孩子。但是，对金钱一无所知的人，进入社会后会遇到怎样的困难，看过本书之后你就会明白。

现在的孩子是没有这种不安的，如果家长们不想让他们以后像自己一样的话，就必须要做一件事，那就是多与孩子探讨钱的事情。

本书的书名是《10岁开始学投资理财》，我在里面大胆地加入了"投资"二字。为了消除人对金钱的不安，并实现充实的生活，投资是不可或缺的。

此书共分为三章，第一章会教大家在日常生活中对金钱的使用方法及原则，第二章会讲述一些投资方法和应该遵守的一些规则，第三章则会将金钱知识与现实生活中的事例相结合，提出一些让人生更加充实的方法。

你理解，孩子就能理解

为了能让家长与孩子了解自己现在的金钱状况，我在序章中提出了六个问题。

前三个问题，需要大家先想象一下，当你的孩子这样问你的时候，你应该怎么应对。这样你就可以看到自己在谈论钱的问题时自己的态度。

后三个问题，是我直接对你提出的问题。通过人们的回答，我就可以了解人们的金钱认知方式、投资理念和金钱的使用方式。

在回答过这六个问题之后，你不仅可以知晓自己对金钱和投资的看法，也会看到一些曾经被你忽略掉的一些问题。

只要了解了自己的不安，准备工作就完成了。这些问题的答案会在第一章之后告诉大家。领会了这些,你在给孩子讲解的同时也会加深自己对金钱和投资的理解,并消除自身的不安。

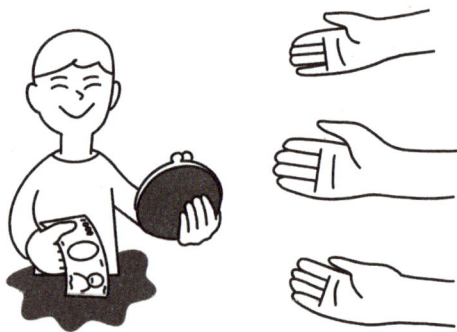

$ 问题1：我的压岁钱可以分给朋友吗？

你家孩子要把压岁钱都分给朋友们了！当孩子对你说"有何不可？这样大家都开心"时，你该怎么回答？

这是在我们家真实发生过的事。

我们家最小的女儿还在上二年级的时候，为了让朋友们都开心，把自己的压岁钱都分给了朋友们，总共8000日元，她的八个朋友一人1000日元。之后，那些孩子的家长把钱都还了回来。

后来，她的另一个朋友，拿着自己得来的1万日元压岁钱，把大家叫出去，请他们玩了扭蛋。刚开始谁也没注意，但后来我们家的孩子拿着五六个扭蛋回家的时候，大家都感到很意外，包括其他被邀请孩子的家长。

最近，所谓的御盆玉①也越来越流行，孩子们每到正月都能达到数千，甚至数万日元的压岁钱，这基本上是他们每年唯一的一次有钱的机会。这相当于成年人在平时突然得到了数百万日元的巨款。特别是一些低年级的学生，他们无法理解这其中的价值。

我的女儿因为想让朋友们都快乐，把钱分给了别人，而她的朋友又拿自己的压岁钱给其他人买了扭蛋……当然，两个人的本意都不坏，只是想和朋友们玩得开心。但是，他们的金钱使用方法是错的。

这样的错误，父母们该怎么指出呢？从孩子的角度来讲，他们会认为："有何不可？这样大家都开心。"在我们家，我和妻子都批评她说："这样是不对的，你的压岁钱不能给别人。"接着，我和妻子都是一反常态地严肃，让她自己先想一下到底哪里不对。然后，我们家老五就一边哭着，一边反省自己的做法。

---

① 御盆玉：日本的盂兰盆节时，长辈会给晚辈发零花钱，称之为"御盆玉"。类似中国农历新年时，长辈给晚辈的压岁钱。

现在的小失误可以预防未来的大失误

那么，如果你的孩子在把自己的压岁钱分给其他人之后，对你说："有何不可？这样大家都开心。"我们应该怎么回应呢？

有的家长会不分青红皂白地把孩子训斥一通，不过，我们最好不要这么不讲情面。我们要意识到，这是一个好机会，一个可以和孩子好好讨论金钱问题的机会。

关于孩子们得到零花钱之后的使用方法，我们应该告诉他们，在这一年里，一定要细水长流，为了得到自己想要的东西，应该学会存钱。无论是消费计划还是实际的消费，家长们要让孩子承担一定的责任，并利用自己的想法去支持他们。过度抑制无用消费是没有必要的。

父母或许可以将压岁钱全额控制在自己手里。但更好的办法是，我们可以准备一个专门用来存钱的工具，或者开一个给孩子用的账户，以便让孩子能够自行确认自己的余额。这样一来，孩子不仅能够认真考虑自己的消费方式，还能通过这样的实践，学到宝贵的金钱知识。

把自己的压岁钱分给别人，给别的孩子买了扭蛋之类的事情，虽然是一种错误，但这种错误也是培养孩子金钱意识的基础。

在孩子得到一大笔压岁钱的时候，或者当他们在处理这笔钱出现失误时，我们要以此为契机，以花钱的方法为中心，与他们谈话，因为关于金钱的交流是非常重要的。

至于交流的方法，请大家参考第一章。

💲 问题2：要是我有钱了我该怎么生活？

如果孩子问你"要是我有钱了我该怎么生活"，你该怎么回答？

下面的这些回答，我想一定很普遍：

只要能上个好大学，进一家好公司工作就可以了。

好好学习，将来当个医生或者律师吧。

想象近来比较有人气的东西，成立一家公司，做个社长吧。

要是当个职业运动员的话，或许会很挣钱。

确实，无论什么职业，只要做得好，就肯定能挣钱。

可是，能赚到很多钱，不一定就意味着你会变得富有。

我到现在已经为两万多人做过经济咨询。

这其中，有不少人的家庭年收入都超过了1000万，甚至2000万日元，可是在这些富翁级收入的人中，有些人却几乎没有存款。反过来说，有些人虽然收入不高，但他们很会储蓄，使存款增加，最终让自己成为有钱人。

认真存钱，提升经济条件的人和收入可观但没有存款的人，他们的区别到底在哪呢？

区别就在于，前者拥有自己的金钱观，也就是说，他们有一个自己的"轴"。

无论多么能挣钱的人，其月收入都是有上限的。如果一个人的支出不分优先主次，到处买这买那的话，他的钱很快就会花完。

比如，之前A夫妇来找我咨询，他们家的总年收入是1300万日元，两个人的月收入也能达到76万日元。这比厚生劳动省①和国税厅统计的平均收入还多了三四成，单看收入的话，这绝对

————————

① 厚生劳动省：日本负责医疗卫生和社会保障的主要部门。

是个富裕家庭。

然而，他们家每月的支出达到了79万日元，造成了每月3万日元的赤字。问题就在于，他们总是买这买那，过度消费，没有自己的"轴"。

让孩子学会考虑金钱的两个问题

所谓自己的"轴"，就是要问问自己"最重要的东西是什么""自己该有一种怎样的生活方式"，然后给自己设定一个优先顺序。

即便是成年人，也很少有人能马上回答这个问题。但是，这个自己的"轴"，关系的并不是一个人收入的多少，而是可以让一个人拥有存钱和储蓄的能力，即便是在投资中也能让资金顺利周转，一点一点地为自己积累财富。如果孩子问你："要是我有钱了我该怎么生活？"你就可以反问他："什么是你最重要的东西？""怎样的生活你才会感到幸福？"

刚开始可能有点难，但基于这样的问题，孩子们就会根据自己的年龄和自身的实际情况，认真考虑"重要的东西"和"感到的幸福"。如果可以以此形成一个以"幸福"为基准的思维，孩子就会有一个自己的"轴"。

· 怎么花钱才会感到开心？

· 为了实现那个最重要的事，怎么才能增加收入？

　　大家就以第一章和第二章介绍的消费方法和投资知识为材料，尝试培养孩子的"轴"吧。这就是帮助孩子在将来不为钱所困扰的指南。

$ 问题3：老后两千万日元是什么？

如果孩子问你"老后两千万日元①是什么"，你该怎么回答？

孩子会通过网络、电视、新闻、报纸等途径了解到"老后两千万日元"，如果孩子问你这方面的问题，你就先夸一夸他们的感知力。一家人谈论金钱问题，很大的一个好处就在于，它可以提高人们对社会的关心程度。

---

① 在日本，很多人认为为了安享老年生活，假设夫妇二人要从退休开始活到95岁，至少需要两千万日元的养老存款(约合人民币128万元)，否则将陷入老后破产的窘境。

· 自己要花的钱是从哪里来，又要到哪里去呢？

· 大家都在做什么样的工作，有着怎样的收入呢？

· 同样的商品，为什么价格会不一样呢？

· 一些离我们很远的国家所发生的一些事，为什么能影响到附近超市商品的价格呢？

· 我们都知道老了以后需要很多资金，但为什么会引发这么大的反响呢？

　　如果，你的孩子能通过金钱，了解世界发生的大事件，对相关消息产生了疑问，并能够开始思考，那么这对孩子来说，是一个很大的成长。作为家长，你也要一起考虑这些问题，并以人生的前辈的身份与他交流。这样一来，你自身的知识面也会扩大。

钱是最好的教材

　　我们回到问题本身。大家再想一想，如果孩子问你"老后两千万日元是什么"，你该怎么回答？

　　这个话题源自金融厅和金融审议会市场工作小组的报告书，专家认为，"老后两千万日元"是很有必要的。但是，这只是一个新闻，和多人有着不同的想法："老后两千万日元，真的有那个必要吗？"

在过去咨询过我的人中，无论哪个年龄段，都有人为自己的老年生活而担忧。

即便是二三十岁的人，他们也会认为："将来要是没了养老金怎么办？""现在我要一边生活一边还贷款，要是没有新的合同我连住的地方都没有。"我也能从中感觉到他们对老年生活的各种不安。

所以，有人问我"老后两千万日元"是什么的时候，我就会回答："这是一种对未知未来的不安。"无论什么年纪的孩子，听到这种回答之后都会产生疑问。然后，他们就会问："老后是从什么时候开始？""老后到底需要多少钱？"然而，这些问题的答案是因人而异的。

并不是所有的人都要攒够2000万日元，有些人攒不够也没关系。在处理这种不安情绪的时候，最重要的是要先搞清楚不安的原因，然后将适合自己的方式进行可视化。先把必要的养老资金简单地计算一下，在确定自己确实需要2000万日元之后，再着手准备日后的事情。

这样一来，即便出现了一些问题，有了这样的可视化，也可以解决所有的困难。如果孩子问你："我能挣到钱吗？"你就告诉他："你还小，时间就是你的武器，别担心。"

　　所以，金钱是我们学习社会，获得生活必要知识最有效的教材。

💲 问题4：如何与孩子讨论家庭的收支

你会跟你的家庭成员一起讨论关于钱的话题吗？

当有人来找我咨询时，无论是结婚的人，还是已经有孩子的人，我都会问一句："你会跟你对象和子女讨论钱的问题吗？"

如果想让家庭成员都能有效地使用自己的金钱，交流是非常重要的。

夫妻一起劳动，收入肯定够了，可一些家庭还是会出现经济赤字，没有存款等问题，其原因很可能是夫妻二人都是各自花各自的钱。

房贷由男方来管，伙食费由女方来管，其他方面的开支并没有进行统一管理，两个人都想着：我对象应该会存下钱来。

虽然，两个人是在互相尊重对方的工作和收入，但实际的支出却成为"黑匣子"，由此便容易造成浪费。

其实我也明白，人们都认为，妻子/丈夫的收入很难问出来，而且自己管好自己挣的钱就可以了，所以基于这样的想法，两个人没有交流关于钱的问题。

然而，当二人经过了这种时期，并且有了孩子之后，他们的想法又会发生变化。"我不知道我对象的收入。""我觉得我们应该讨论一下经济问题，可就算是这样，对方也不会配合。"曾经有很多人因为这些问题而找我咨询。

现在，家里有多少存款？有没有隐藏的贷款？每月的收入和支出有多少？大家应该借助这些问题，创造一个与家人和孩子讨论经济问题的机会。

在我们家，家庭经济一直是开放的，家庭管理会议每月进行一次，始终没变过。关于这个我会在第一章里介绍。

无论是我的收入、妻子的收入、我们家的收入与支出，还是孩子零花钱的增减、新家电的购买，所有的事项都是公开的，每个人都会参与到这种讨论中来。

孩子们在讨论消费方式的时候，依然会有一些自由幻想，但他们在这个过程中会产生一定的判断力，分清哪个该买，哪个不该买。看到这些，对于我们成年人来说，也是一个学习的机会。

进行关于金钱的交流，不仅会让家庭成员共享相同的价值观和面向未来的资金计划，还会培养孩子们的金钱意识。当然，如果突然把所有事项都公开的话，人们会感到有所抗拒。即便如此，大家也要在现实许可的范围内尽可能地创造交流的机会。无论是你自己，还是孩子，对金钱的观念都会因此而改变。

$ 问题5：你有投资的经验吗？

　　某个领域的投资是有爆发期的。

　　之前曾有一个30多岁的女性来找我咨询，她的初次投资买的是比特币，失败后找我来询问经验。

　　以比特币为首的虚拟货币投资潮开始于2017年至2018年，1年间，它的价格上涨了20倍，很多投资家因此挣得了数亿日元，成为亿万富翁，各大媒体也很关注。

　　那位找我咨询的女性，也是在虚拟货币大热的时候，想要尝试进行投资，于是她一直在认真地研究并积攒资金。

　　最初的投资额只有几千日元，当时比特币的前景不错，几个月的时间，她就有了数百日元的收益。

由此，她觉得，"投资原来这么简单啊"，于是就拿出了自己大部分的存款来买比特币。然而，在投了100多万日元之后，比特币的价格开始下跌。因为害怕价格继续下跌，给自己造成更大的损失，她只得把这些比特币抛出，最后大约赔了50万日元。

人们对虚拟货币的需求变大的话，其价格就会上涨，需求变小则价格下跌。比如，一个人买了1万日元的虚拟货币，如果需求增加，价格翻了20倍，那么他就可以赚到19万日元。可是，谁也不能保证它的价格会一直上涨，有的时候，其下跌50%还多。

同理，外汇也是一样，它可以在短期内发生汇率的大幅变动，因而这是一项高风险、高回报的投资项目，我觉得，它应该被称作投机。

收益要等 10 年或 20 年

正如标题说的那样，本书希望大家先存款，然后一步一步地向投资迈进。无论你此前有没有投资方面的经验，下面这三个观点，你一定要和孩子一起学习一下。

· 投资一定要在长期存款的基础上进行

· 不要去做投机类型的投资

· 考虑投资期至少要10年的长期投资

　　投资开始前，为了以防万一，在算上生活保障资金的条件下，我们的存款至少要有七个半月的工资。

　　然后，投资时要保证生活消费和储蓄可以同时进行，并选择一些风险较低的投资对象。我们一定要慢慢积累，耐心地进行长时间培养。

　　在选择了一些低风险、低回报的投资项目之后，我们就可以对投资商品的特性、买卖时机和投资时的风险等各个方面进行学习。

　　况且，对孩子来说，时间就是他们的武器。为他们选择一些10年、20年，甚至30年的长期投资项目，无疑是最合适的，这样的选择也一定可以得到好的成果。

　　大家和孩子们一起，利用投资来感受收入增加的快乐吧。

⑤ 问题6：在金钱方面有什么成功或失败的经验吗？

如果大家回顾一下之前的消费，你或许会感到"那个东西买得值"，"回头想想，这个真是浪费钱"等，这类对自己的评价，我想每个人都会有。

比如，我在前面说到的，我家小女儿把压岁钱分给了她的朋友们。她本人在反省过这件事之后，会得到一定的成长。而这次经历，也会影响她在金钱方面的观念。

同样，我们家的长女也是在很多类似的经历中成长起来的。东日本大地震之后，她在家庭管理会议上提议，希望我们能给受灾地捐款。

她的提议让我们感到很高兴，因为这可以证明我和妻子的教育是没有错的，这对我来说是一种成功。

不管是投资还是日常消费，我们都是在各种成功和失败当中，学会与金钱相处。

在父母看来，孩子的一些消费方式就是一种无用的消费。这个时候，很多父母就会勃然大怒，威胁他们"下月的零花钱就别想要了"。

可是，他们本人可不一定认为这是无用的。他们可能觉得，自己买到了想要的东西，这钱花得很值。

而当我和妻子认为孩子的消费出现问题时，会先问一问孩子："这个时候买，能用得到吗？""拿到零花钱之后，所有的钱都用来买点心，那你这个月剩下的时间该怎么办？"

回顾自己的消费历史，可以感知自己在此方面的得与失。而通过这种回顾，我们就可以建立自己的"轴"。

消费方式与生活方式是相同的

通过第一章思考了消费方式之后，大家可以在第三章中对社会和金钱的关系有一个更深的理解，继而就能够更加自然地与孩子探讨针对金钱的价值观。这种针对金钱的价值观，就是培养自己的"轴"的基础。怎样的消费才是充实的消费？随着这种思考次数的增加，人们消费也会变得越来越顺利。

反过来说，要是没有自己的"轴"，人们在消费时资金就会向外部流失，等到自己回想的时候才发现，自己把钱都浪费掉了。

很多人在消费时都说，"不知道为什么""因为便宜""因为朋友都买了"，这种没有目的的消费，是不会帮助人们存钱的。不基于自身的实际情况花钱，这种消费就是没有目的的。与此相对，能够进行有意义的消费，并且能让自己开心的人，可以为自己攒下资金。

所以，花钱的时候一定要问一下自己："这个真的有必要买吗？""这东西对自己真的有用吗？"……

就像这样，大家总结一下日常的失败与成功的消费经验，帮助自己和孩子形成自己的"轴"吧。

第一章

与孩子一起思考消费方式

$ 对孩子有益的零花钱给予方式

在各位家里，你们是怎么给孩子零花钱的呢？

无论是在找我咨询过的人里，还是在研讨会上见过的人里，或是学校里见到的家长们，给孩子零花钱的方式大体能分为三种：

- ·每月××钱（每周××钱）之类的定期制
- ·必要的时候给予的非定期制
- ·根据孩子的表现给钱的报酬制

在我们家，从孩子小学三年级开始，到其大学毕业，我们每月都会给零花钱，钱数会根据学年的变化来变动。就这样，每月给一次，至于钱的管理则由他们本人负责。

如果有社团活动所必需的道具，不买不行的生活用品，必须要全家人共有的物件等，我们会在每月一次的家庭管理会议中集中提出。如果孩子们大多数都愿意，那么我和妻子就会从家庭收入中拿出这部分钱。

为什么我们家会采取这种定期制呢？因为我和妻子都是理财规划师，我们都认为，他们拿到零花钱的时候，也是我们训练他们，让他们学会正确的消费方式的时候。

这种时候最重要的，就是根据自己手头的钱，思考自己对这笔钱的使用方法。每月定额的零花钱，可以让他们在有计划地消费方面得到训练。

尽管如此，实际上，孩子对钱的价值产生理解一般都在他们10岁的时候，而且理解的程度也各不相同。

比如，我的一个女儿在小学四年级时，得到了一笔500日元的零花钱，结果她当天就把这500日元给花完了，因此到后来，每次出门，她连10日元的点心也买不起了。

虽然这个时候孩子已经开始认识到了金钱的价值，但有时候他们还是会被想买的东西所诱惑，进行无计划的消费。不过，经历了这样的小失败，他们就会知道，一次性把钱花光是不行的。因此，在下个月，他们便学会了节制。

而且，近来随着电子支付的普及，孩子们使用电子支付的可能性也在增加。在没有电子支付的环境里成长起来的我，照样会认识到：虽然没有付现金，但它与现金支付其实是一样的。然而，孩子们有没有这种认识，我就不知道了。

正是由于这样的时代背景，我们绝对有必要让孩子学习一些消费的知识。这对成年人也是一样的。缺乏金钱意识，不知不觉地就会在消费时产生浪费。

不推荐报酬制的理由

因为孩子缺乏金钱意识，所以我们一般不采取非定期制来给他们零花钱。

如果父母不对孩子的消费方式严加管理，我们就会对某个消费项目是否必要产生疑惑，且孩子也会产生一种"只要我求父母，他们就会给我钱"或"好好跟父母说说就行了"的想法。

在咨询过我的人里，有很多家庭主妇，她们经常对我说："因为我是家庭主妇，挣钱少，所以我没什么零花钱。"可是，深入了解之后我发现，很多时候，她们都会去超市购物，利用家庭收入来自由消费。

这样算下来，她们花了数万日元，可是她们本人却有着一种勤俭节约的感觉。因此，她们也有可能对孩子采取非定期制这种错误的方式。

另外一点，那种有贡献就给钱的"报酬制"也是一把双刃剑。

给予的金额要与所进行的劳动对等，这样的原则或许很合适，可是，通过劳动来获得零花钱，这是不是一种正确的亲子关系呢？它会带来怎样的结果呢？

一些事情，父母会觉得孩子理所应当这样去做；但对孩子来说，他们很有可能会认为，得不到报酬，自己就不应该去做。

不过，还是可以细致地设定一系列规则的，比如，打扫浴室给××钱，饭后刷碗给××钱，遛狗给××钱，考试得满分给××钱，遵守规定给××钱，等等。而且，有些父母，既会定期给孩子一定数额的零花钱，也会按照孩子的劳动，给予一定的报酬。

这样或许会提高孩子的管理能力，但对我个人来说，每月给孩子固定数额的零花钱就可以了，至于他的劳动，我觉得说句"谢谢"就足够。

别问"想要什么"，要问"需要什么"

从我们一出生，就要与金钱打交道，而且要打一辈子交道，所以金钱会影响我们的幸福感。

另外，对孩子来说，最早的思考消费方式的机会，就是他们的零花钱。在我们家，孩子从上小学三年级开始就会得到零花钱，一开始是500日元，每升一个学年，零花钱就会增加100日元。在这个时候给孩子零花钱，是因为孩子对钱的价值产生理解一般都在他们10岁的时候。最开始，我们家长女是按照这个模式来的，后来我们就把这个方法延续了下去。

不过我们家的小女儿，最开始是每月600日元，因为她在家庭管理会议上说，自己喜欢的漫画月刊是每本580日元，而且我们最后也认可了。虽说她买完漫画之后，就只剩下20日元零花钱，但是文具之类的学校生活用品都是出自我们家的总收入，所以那为数不多的20日元也不会有什么影响。

但是即使是这样，她也会遇到零花钱不够的情况。这个时候，我们就要用到年度零花钱补填费了。

我们把压岁钱分开，一部分存起来，另一部分用作年度零花钱补填费，某个月零花钱不够的时候，就从这里面拿出一些来填补，这样的话他们每月就可以买到一些一般情况下买不起的东西了。

　　我的孩子在上小学和中学的时候，如果想要买某样东西，就必须跟我和妻子汇报。

　　之后，关于所购买物品的使用，我们也会旁敲侧击地问："最近你没有使用这个东西，它真的很重要吗？""这东西买得值吗？""你还没有收拾起来吧？"……通过这些问题，来促使孩子回想一下相关物品的使用情况。

　　我们没有必要询问所有的东西，我们只需要对那些基于其本人意志购买的东西问一句："怎么样？"就可以让他们意识到自己的使用情况。

　　采用"定期制"的话，有些父母会担心，这样一来孩子是不是会马上把钱花光呢？我认为，这样做是没有问题的。

　　虽然刚开始的时候，我的孩子把得到的零花钱一次性全花完了，但他们也明白，父母是不会轻易花钱满足自己的要求的，所以他们依然有着自己的计划。

　　况且，孩子们也会去思考，某样东西是不是自己想要的。

想要进行深入研究的话，我们就会发现自己真正的需求。

比如，你想和朋友们一起去快餐店的时候，此时你的真正需求是"想和朋友们一起度过一段时光"。因此，你或许会想：把朋友请到家里来也可以，这样不用花钱。基于这种想法，你的行动可能就会改变。

计算、管理、金钱意识，以及通过零花钱思考自身的消费方式，都是孩子们最重要的学习经验。

这种关于金钱意识的教育，是一种孩子进入社会前的准备工作。原因就在于，我们的一生都要与消费产生关系。

$ 理财的失败要趁早

说到理财的失败，大家会想到什么呢？

· 过度的信用卡贷款

· 浪费了之后感到后悔

· 因为借钱和朋友闹僵

· 对后辈太过奢侈

· 投资的股票暴跌

当然，失败还远不止这些，每个人在理财方面的问题都不相同。

我也有过很多失败的经历。

　　我年轻的时候，曾靠做兼职挣了一些钱，但我却拿着这些钱去疯狂娱乐，两三天的时间，我就把钱给花完了。在进入社会后，我也有过因为贷款而苦恼的时候。

　　对年轻时出现的这些错误，我现在认为自己能有这些失败的经历，真的太好了。这样想的原因有两点。

　　其中一个原因是，基于这些错误，我会反省自己："我到底在做些什么啊……"另一个原因是，我不会再因此而不由分说地指责和否定其他人。

　　了解了自己的不足之处，自然也会了解自己的失败是理所当然的，由此我们也不会再说一些不切实际的金钱论。同理，当我们的家庭经济出现赤字的时候，我们也不会再毫无理由的否定。

　　这种思维，人们是可以理解的，正因如此，我们才会去思考之后应该怎样改善。理财出现失败之后，最重要的，就是要去回顾。

　　所以，失败了也没有关系，只要我们能在之后好好反思，就没有问题。

这在对子女的理财教育方面也同样适用。

人生最初的巨款就是压岁钱

当我的孩子每次经历这种小失败之后，我的心里都会感到庆幸。

我在序章里介绍过，我的女儿因为"钱分给朋友们之后大家都开心"，所以就把自己的8000日元压岁钱给了自己的八个朋友，每人1000日元。之前她每个月的零花钱只有500日元，所以一下子得到8000日元，她肯定很惊喜，以至于会产生"与友同乐"的想法。

后来那些孩子的父母把钱都还给我了，我女儿也知道了1000日元能买不少东西，意识到自己的做法是极其错误的，因而她自己后来也边哭边反省。

我和妻子也斥责过她，不过没有持续很长时间。与其没完没了地训斥，不如就只对她说一句"这样做是不行的"，至于为什么不行，让她自己去思考就可以了。

与成年人一样，这样一来，他们就会反思，自己到底哪里做得不对了。

对大多数家庭的孩子来说，压岁钱就是他们最初的巨款。

一个人一旦得到了过多的钱，其犯错的概率就会变高。如果父母没有"作为理财教育的一环让孩子积累错误经验"的思维，放任其消费的话，孩子随时都有可能搞砸。

而这样的搞砸，可以成为孩子在金钱方面的老师。

- 毫无节制地花钱，之后可能会很难办
- 买了没有必要买的东西之后，很快失去了新鲜感，然后就扔在一边不使用了
- 钱花完了就没了，而且钱是不好挣的

当然，这样的错误，孩子们肯定不会只犯一次，我们要通过这些不断出现的失败经历，慢慢地学习正确的消费方式。

零花钱绝对不能预支

这种理财的失败，也会出现在孩子每月零花钱的使用中。

我的一个女儿上小学三年级时，和她的朋友交换了生日礼物。为了让朋友高兴，她认真地挑选了礼物，然后拿着礼物去

了收银台。但是那个东西的价格，已经超过了她每月的零花钱500日元。

当然，钱不够的话，她是买不了的。在很早之前，一些个别商店的老板或老板娘会根据情况通融一下，或者孩子们请父母帮忙，总之肯定有办法买下自己想要的东西。

不过那天，她什么也没买就回家了。这种情况下，我们也很想帮帮她，但是我们已经下定决心，每月只给一次零花钱，多了就不再给了。而且，零花钱也绝对不会预支。

这时，我女儿用"年度零花钱补填费"，买到了自己想买的礼物。通过此次购买经历，她也体会到自己有必要对手头的钱进行规划。

计划出错的话，孩子就只能忍着，直到下月拿到零花钱。不过，就算她在八九岁的时候理解了这种原则，等到高学年的时候，随着其交际面的变广，还是会出现计划失败的情况。

在某次夏季祭祀活动中，受到活动氛围影响，她的零花钱再一次被一次性花光了。虽然有了很详细的计划，可还是会花光，这种感觉，成年人也有很深的体会。

　　失败之后积极反省，下不为例就可以了。无论经历多少次，一个人也不可能每次消费都不出现失败，但只要我们继续学习下去，就没有问题的。

$ 对"需求"和"欲求"进行过滤

在欧美国家，家长对孩子进行理财教育时，最开始都会问："这个你需要吗？还是说只是单纯地想要？"

· 需要=需求

· 想要=欲求

在消费之前，要是有个孩子能自问一句："这个我需要吗？还是说只是单纯地想要？"我作为大人都会感到吃惊。因为我们成年人，总能把"想要"变成"需要"。

比如，我们家有一台相当不错的数码单反相机。

因为想要拍出美丽的照片、想要记录孩子的成长，所以就买下了它，然而实际上，我们一年只使用一两次。相机买了半年之后我们才意识到，买这个东西根本不是由于我们需要，而是我们想要。这是我的女儿们在家庭管理会议上说的。

我觉得，这样的经历每个人都会有。冷静地判断自己的需求和欲求，这种事情即便是成年人也很难办到。

比如，对那些经常浪费，因没有存款而烦恼的人，如果看看他们的家庭经济我们就会知道，他们的钱大多数都花在了自己的欲求上。

所以，我们经常会问孩子（包括在对自己的失败经历进行思考的时候）："你拿到零花钱之后，把钱花到哪了？"

由此我们得以知道，孩子们想要的东西太多了。

想吃的点心、想玩的扭蛋、想看的漫画、想和朋友们一起玩的游戏……数不胜数（成年人也有这样的）。

这些东西一个接一个地买，零花钱肯定很快花完。

如果在这之后，孩子有了需要的东西且必须要买，该怎么办？在不预支下月零花钱的前提下，只能动用年度零花钱补填费，这样一来，这个经济项目就要失败了。

最近我们家里也出现了这样的例子。

还在上小学的女儿有一天对我妻子说："我想买珍珠奶茶，但是因为这个月买了一本漫画杂志，所以没有可以使用的零花钱了，我可不可以在我的压岁钱里拿一部分？"

妻子并没有马上说行或者不行，而是找到了她的姐姐们，开了一次小型家庭管理会议。会议上，她们交流了各种意见：

你一个月只有600日元的零花钱，却要喝500日元的珍珠奶茶，这合适吗？

真的有必要吗？

买的话有没有折扣券啊？

真想买的话，姐姐我来给你买如何？

而在这个过程中，小女儿听到了"真的有必要吗""我觉得她就是想尝一下吧"之类的话。由此，她也开始考虑，自己到底是需要，还是想要。

她们知道，如果按照小女儿的想法来，年度零花钱补填费就要花光了，不过，就算是给她买了珍珠奶茶，倒也没什么问题。基于以上判断，她们认为，这次没有必要否定她。

虽然我们会教孩子去判断自己的需求和欲求，但同样地，让失败的经历早点出现也是好事。所以，这样的小钱，大家可以花一下试试，如果后悔了，就当是学费吧。

不要让欲求占据你的需求

从经验上来说，一个孩子一般要到小学三四年级，也就是10岁左右的时候，才能分清自己的需求和欲求。

比如，有的孩子在想吃冰激凌的时候会想：在便利店买需要130日元，而在西友①买只需要88日元，反正现在吃和回家吃都一样，那还不如回家再去西友买。

在别的地方买要比在这里买便宜。本来，我们完全没有必要花这份钱。但是，这其中的区别就在于，我们基于自己的需求和欲求标准，做出了一定的思考。

我在遇到这种情况时，除了问一句"有了零花钱你会把钱花在哪"之外，还会让他们列一个清单，总结自己想买的东西，以此来帮助和支持我的孩子们。

这个清单的制作方法很简单。

---

① 西友：西友百货公司，日本连锁超市。

· 拿到零花钱之后，把自己想买的东西一个一个地写下来

· 通过店面、传单、网络等途径，调查它们的价格

· 考虑一下自己的需求和欲求，给想买的东西排个顺序

　　如果最想购买的商品是300日元，那么500日元的零花钱就会剩下200日元。经过这种可视化，排在第二和第三的商品还能不能购买，一下子就能知道。而且，这样一来，他们也可以基于自己的需求，去购买真正有必要的商品。

　　多重复几次此类训练，可以让孩子的金钱意识更敏锐。

　　前几天我们一家人去超市，路上看到了一家冰激凌店。我想：偶尔多花点钱也没有关系。于是我提议要给八个人每人买一个，这样，总共八个冰激凌，一共花了3200日元。

　　刚刚进入社会的大女儿有时会在周末和我们一起过，她却认为，我们这完全是在基于自己的欲求消费。"普通的超市，100日元就能买到一个冰激凌杯，那样不是更划算吗？"

　　如果我们只想着满足自己的欲求，我们不仅不会得到生活所必需的东西，还会白白地浪费掉手头的钱，让自己的生活变得困难。

因为我们的收入都是有限的，所以我们一定要先购买必需品，再去满足自己的欲求。支出依据需求的优先顺序来进行，这样的消费才是有效率的。

$ 家庭经济三分法：消费、浪费、投资

在我接受别人的咨询时，我总会向人们传递一个概念：家庭经济三分法。

这种消费方法，是要把我们的消费项目分成消费、浪费、投资三类，以此来训练人们对此类意义的思考。

· 消费：生活上所必需的支出，这部分支出不会带来收入。如饮食费、居住费、水电暖、教育费、服装费、交通费等

· 浪费：生活上并不需要，仅仅出于娱乐等目的而产生的无意义的支出。也就是所谓的无用消费。如烟、酒等满足个人嗜好的商品，过度的购物，不慎支出的手续费和年会费等

· 投资：生活上并非必不可少，但将来对自己有用并可以产生收入的高级支出。如技能、读书等方面的学习类花费，研讨会花费，通信教育费，或自己认为将来会对自己有用的消费，包括投资信托、储蓄等

比如，我们会把一些无意识累积起来的浪费称为"拿铁效应"。

一个人每天都在咖啡店里喝一杯拿铁，这看似不起眼的支出，积攒起来就是一笔很大的浪费。一杯普通咖啡如果是100日元，一年就是36,500日元，而拿铁咖啡一杯为340日元，一年下来这方面的支出就要超过12万日元。

消费方式得当的人，是不会对眼前的小型支出视而不见的。不需要的东西，无论多么便宜他们也不会买。他们一直围绕着自己的"轴"，贯彻着正确的消费方式。

而我在这里推荐家庭经济三分法的原因之一，就是想让大家制订一套自己的消费方式，也就是自己的"轴"。

然而，那些咨询我的人，对我的这些说法还是不能够完全认同。他们觉得，在记账本上作记录，对消费项目进行分类，是一种既费时又费力的工作。

不过，家庭经济三分法实践起来，其实并没有那么费劲。你在消费过后一般都会有收据，这些收据不要扔，回家之后仔细看一看，然后把它们分别放在消费、浪费、投资的箱子（信封也行）里。

今天，我和同事一起去了便利店，但我觉得没有必要。我们不光买了咖啡，还顺便买了巧克力，这些都算是浪费。

但是，我昨天在星巴克喝拿铁的时候谈成了一个客户，这个就是消费。

一开始我觉得参加这次聚会浪费了我不少钱，但我交到了朋友，他们有很多值得我学习的地方，所以这应该算是投资。

我们没必要为了某项支出到底是浪费还是消费而烦恼，只需要痛快地做一个分类即可。没有人会去做一些"因为钱是我挣的，所以我想怎么浪费就怎么浪费"的事情。

在花钱的瞬间，我们都是在消费或投资等目的的基础上进行支出的。而在对这些消费项目一个一个地进行回顾之后，我们或许会发现，"啊，这个东西并不需要"，这才是最重要的。这时你会认识到："原来我也有这种无用消费的倾向啊！""花钱后悔的感觉真不好啊！"这对于你来说就是一种进步。

而没有意识到失败，在自己跌倒的地方持续跌倒，这才是最可悲的。为了避免这种情况，我们有必要采取一些方式来提醒自己。

娱乐到底是消费、浪费，还是投资？

在回顾消费的时候，使用消费、浪费、投资的家庭经济三分法，这对于培养孩子的金钱意识也是有帮助的。

另外，我们可以在想购买的物品清单下面的空白处和下一页里尝试对我们的零花钱进行记账，并简单地书写一些项目：

·自己得到了多少零花钱

·购买日期、购买物品、金额、零花钱的余额

写到这种程度就可以了。然后，到了周末和月末，就回顾一下自己的消费历史。最后，在"购买日期、购买物品、金额、零花钱的余额"的旁边，标注上这个消费项目到底是消费、浪费，还是投资。

或许有些人会对孩子能否有效分类感到不安。

但是，通过亲子共同参加的研讨会，以及对消费、浪费、投资的家庭经济三分法的实践，孩子们也会积极地对其进行分类。

在这样的研讨会中，我们把伙食费、通信费、保险费、烟酒、服装、宠物、日用品等项目写在卡片上，然后让孩子们去尝试对消费、浪费、投资进行分类。

这样一来，他们就会知道，爸爸的烟酒属于浪费，自己玩的玩具和游戏也属于浪费。在外用餐、吃点心，通信等部分项目，虽然是必需的，但花的钱很多，因而它们要介于消费和浪费之间。

投资一栏要包括书本或补习班等，而容易吸引成年人的报纸则可能会被归入浪费一类。因为我们现在通过电视、网络等途径就可以轻松获取信息，所以专门买报纸的话可能不太容易被人理解。

此外，有的孩子可能会把看病归入投资里，询问其原因，他们会对你说："因为我长大了想当医生。"

所以，孩子们会在父母思维的基础上培养自身的金钱意识。

不需要去纠结他们的分类是否正确，只要能自行思考就可以了。

怎样帮助孩子进行零花钱记账

如果父母针对孩子的消费逐个询问的话，这是一种过度干涉的表现，孩子本人是学不到什么东西的。

从某种程度上来说，孩子的零花钱就应该让孩子基于自己的想法来使用，并且要让他们自己来考虑消费时的好坏得失。

零花钱记账不仅可以成为这一过程的契机，还可以帮助孩子通过对消费、浪费、投资的分类来打磨其自身的平衡感。

顺带一提，在我们家，我也希望孩子能进行零花钱记账，但这并不是一个必须要遵守的死规定。对记账的孩子，我会奖励给他们零花钱的10%。也就是说，如果是每月500日元，奖励后就会变成550日元，每月1000日元的话，奖励后就会变成1100日元。这是对他们记账活动的褒奖。虽然只有50、100日元，但如果他们能坚持一年的话，奖励的总额还是挺多的。

有了这样的奖励，孩子们就会有零花钱记账的动力，并一直将其持续下去，这样的话，记账就不再是负担，同时可以使回顾消费方式的过程变得轻松。

当然，有善于零花钱记账的孩子，就有不善于记账的。不过，这与孩子的个性有关系，没有必要强制。

所以，父母对孩子说一些"记一下试试看"之类的话，以此来多多引导孩子。

另外，这样做的目的并不是增强孩子们分类的能力，此时最重要的，是增加他们思考理财问题的机会。

如果在孩童时期能掌握正确的与金钱相处的方式，他们成年以后，也会对钱进行有效的管理。

$ 家庭管理会议的进行

　　有很多父母都不想让孩子担心钱的问题，所以一般不向孩子透露家里的收支状况。

　　包括我在内，绝大多数孩子，对父母的收入、每月把钱花在了何处、贷款还剩多少，都一无所知。

　　可是，大家看到这里也都会明白，因为不想让孩子担心钱的问题而一般不向孩子透露家里的收支状况，这样的做法会影响孩子金钱意识的发展。

　　其实，孩子在2岁至4岁时，就会展现对金钱问题的关心，虽然他们了解得不是那么具体，但通过钱和点心、钱和饮料、钱和玩具等的关系，孩子们知道，钱可以用来购买他们喜欢的东西。

然后，等到他们上了小学，买不到自己想要买的东西的时候，他们就会想："要是有钱就好了……"而有了零花钱之后，他们又会想："钱再多一点的话我想要的东西就都能买下来了……"

他们只是了解钱的功能，但不了解钱的价值。这样的孩子，一旦有这种经历，长大后就有可能出现乱用信用卡、大量借贷、随意成为他人的担保人等行为，为钱所困的概率会变得很高。

孩子学习金钱知识的最佳教材，就是家庭经济状况。

家里的经济实际是怎样的？这样的话题或许很难交流。即便如此，我们也要尝试着向孩子们公开家里的经济状况。在此基础上，我们再一起思考自己的消费方式。

就像前面说的那样，为了讨论我们的消费方式，我们每月都会进行家庭管理会议。说实在的，我对与孩子们共同讨论金钱问题这样的事也是很抗拒的。回想我小的时候，我的父母也没有跟我谈过关于钱的问题，所以我觉得，孩子们最好还是别去了解家里的经济状况。

在长女上小学二三年级的时候，我的想法产生了变化。有一天，我和妻子在讨论人寿保险的问题，长女突然问我："保险费什么的你交了吗？"她问这个问题，肯定没有恶意，也没有暗示什么，但那一瞬间我感到了一阵困惑，有一种自己的秘密被发现了的感觉。

孩子考虑金钱问题，这样的行为没什么好夸奖的。这种先入为主的观念，我多少有一点。但是当我冷静下来思考一阵之后发现，与孩子交流金钱方面的问题，并不是一件很奇怪的事。

于是，我那天不仅说了人寿保险的事情，也谈了保险费的话题。由此我也认识到，与孩子讨论金钱也是一种有效的交流。

从那以后，我们一家人，包括孩子，会定期聚在一起，讨论家庭经济状况，进而演变成了现在一月一度的家庭管理会议。

有了这样的会议，我也看到了它的好处。孩子们经常会提出一些我们成年人不会想到的意见，而且，他们不会受到金钱常识的束缚，因而其所问的问题也会让人意想不到。

在回答他们的问题时，自己会回忆一些金钱常识，而在这个过程中，我们也会有"等等，这种常识真的是用于这样的状况吗"之类的想法，由此得到启发。

家庭管理会议意想不到的功能

我们家的家庭管理会议都是在星期五，这天正好是发工资的日子。家里的成年人，外加几个小孩，一共八个人，全部都要参加这个会议。

开始的时候，我们会公开自己的月收入。我和妻子的工资、书籍的版税等，全都公开，让孩子们知道。在我们刚刚成立咨询事务所时，收入极其不稳定，有时候孩子们会感慨："啊，这个月的工资真少啊。"当然，现在已经没有这种情况了。

然后，妻子会公开家庭记账本，让大家了解家里的支出情况。住宿费、水电暖、通信费等固定费用，伙食费、交际费、医疗费等非固定费用，这些项目我们会与前一个月作比较，然后算出总开支。

对一些可能会成为无用消费的项目，孩子们会积极进行检查。以前我是一个一天要抽两包烟的烟民。但是，对当时月零花钱还不到1000日元的女儿来说，一包烟280日元，两包就是

560日元。一天560日元的话，一个月我在抽烟上的支出会达到17,000日元。

他们问我："你为什么要抽烟？"我回答说："休息。"然后他们反驳道："这些钱，你用来买些书本，买点好吃的点心不好吗？"

烟之类的东西，在我看来是必需品，但对孩子来说可能就是一堆废物。结果，由于这次会议，我下定决心戒烟，这要感谢我的女儿。

接下来，我们会公开储蓄的情况。包括存款、股票投资的盈亏，以及投资信托的评价额等，所有的投资内容都要公布。这些内容，上小学的以及还没上学的孩子都是听不懂的。即便如此，我还是要让他们参加，随着这种会议的持续进行，他们会渐渐理解，而且会对投资渐渐产生兴趣。

关于消费方式的提议

这些只是家庭管理会议的前半段内容，到了后半段，就是我们发表意见的时候了。

在从收入里支出一部分之后，算上存款，我们还有相当多的一笔钱，这些钱，应该用来干什么，买什么呢？我们会这对这个问题进行商议。

有一次，我一个上中学的女儿说，自己想去上补习班。

然后有人质疑："费用是不是太高了？""你能坚持上下去吗？"然后，我那个女儿回应说："姐姐上的是私立学校，而我上的是公立。到了高中，我也打算上公立学校，所以我的学费不是太高，这样的话就有钱去补习班了。"听闻此言，我们都很信服，然后就让她去了补习班。

后来有一次，我提出想要买一个男性专用吹风机，但是他们认为，家中现有的吹风机我也能用，所以被否决了。由此，通过这种家庭管理会议，我们一家人，无论年龄大小，无论挣钱多少，人人都可以表达自己的见解。

规则化的好处就在于，会后没有人会产生不满。我们想说的话都会在会议进行期间说，因而有什么不满，我们也能在会上解决。当然，孩子们提的意见，我们也不会简单地全盘接受。我们会像大人一样对待他们，提出的意见都会一起考虑。

某种消费方式在我们家是否有效，这是一个很重要的问题。哪怕有丝毫的质疑，我们都不会接受。

试着问一下："有没有大家都需要的东西要买？"

我们家的家庭管理会议，在家庭经济和孩子的消费方面发挥着各种各样的作用。

> · 家庭经济方面，大家都有责任，因而我们家的支出会很有计划性。

比如，如果某个月支出较多，那么当月我会先忍耐一下，不买自己想要的东西。上一次会议，父亲提了自己的要求，那我就等到下个月再提。

我们就是依靠这些来培养孩子们的消费观念的。

> · 家庭经济管理变得轻松

我们的收入和支出是全家人共同管理的，到了需要节约的时候大家也能齐心协力，家庭管理会因此变得轻松。而且，对家庭的经济状况，我们每个人都有数，所以孩子们从来不会求着父母给自己买什么，而是用自己的零花钱买自己想要的东西，这样一来，他们在金钱方面的规划也会变得有效。

实际上，很多咨询过我的人都跟我说过，他们也开始尝试进行家庭管理会议了，我由此感受到了他们的变化。

我在存买房首付款的事情被孩子知道了，然后孩子对家庭的经济产生了兴趣。他对于自己能住进新家也感到高兴，平时他也会看一些售房广告，关心存款的情况，还会因此不去买自己想要的东西，把自己的零花钱存了起来。

因为我担心孩子的学习，所以让他上了好几个补习班，在了解了家庭经济状况后，为了节约，我减少了补习班的数量。而且，哪个补习班要保留，我也设定了一个优先顺序。

在跟孩子们讨论过家庭经济的问题后，已经参加工作的孩子会把自己的工资一起存在家庭收入里。而还在上学做兼职的孩子也会这样做，我感到很高兴。

当你也准备进行家庭管理会议的时候，你或许会觉得，一次性把自己的收入和存款情况全部公开有点困难。如果是这样的话，你可以先把家庭成员召集起来，问一下他们："有没有大家都需要的东西要买？"

　　然后，大家一起讨论一下，那个东西是否太贵，家人是否需要等方面的问题。以某个想买的东西为契机，询问家人的意见，这也是一种深度的交流形式。

　　另外，如果家庭的经济状况不乐观，孩子们或许会认为这是一个非常时期，这也可以成为一种议题，进行讨论的时候，自然就变成了家庭会议。

　　这之后，我们就可以把全家人都召集起来，公开支出情况，倾听家人意见。当然，孩子的意见也要认真听。

　　让孩子参与经济问题的讨论，有人赞同，有人反对，这一点我也能理解，但是，这样做有很多好处，这就是事实。让孩子成为会议的一员，这会对孩子产生一个好的影响。而且，大家可以共享同一个经济目标，还能使家庭成员之间的关系更加紧密。

　　顺便说一句，我之前曾了解到，有人会因此担心，这样做，孩子们会不会把我们家的经济状况给外传出去呢？

　　我一般都会对孩子们说："你们都是横山家的成员，所以我希望你们都了解我们家的实情，但我也希望，一些重要的东西你们不要外传。"我们没有必要把它升级成一种保密义务，只需要提一句"保密是很重要的规定"，孩子们肯定就会遵守。

$ 让孩子做一个旅游或外出的预算

这里有一种让孩子的金钱意识和消费方式飞速进步的方法。

那就是：让孩子来做外出旅行等活动的预算。

有很多家庭会在黄金周、暑假、寒假等，选择带孩子去旅游，到现场看比赛等。

从地方到东京的迪士尼，从市中心到郊外的度假区或温泉。在一些主题公园和温泉街等地方，我们会不知不觉地买下很多周边手办、点心、饮料等，在旅行费用之外又产生了不小的开支。虽说这种体验是无价的，但是对我们的家庭经济来说，算上交通费和住宿费，我们需要花的钱真不少。

让孩子来做外出旅行等活动的预算，孩子就有了一个飞

快提升自身金钱意识、改善消费方式的机会。这种方式，不是
"父母给予的放松时光"，而可以看成"父母拜托给孩子的休
闲时光"。

在这种"父母拜托给孩子的休闲时光"里，孩子会设定自
己的休闲目标，并认真计算各个项目的开支预算。

比如，某次夏日旅行，一家四口人设定的总预算为20万日
元，那么，我们可以拿出其中15万日元的预算，来交给孩子进
行分配。

至于剩下的那5万，则是为了在旅行中以防万一，弥补孩子
计划中的缺漏而使用的备用费用。如果用不到的话你可以回头
再存起来。

当然，刚开始的时候，孩子们肯定会有一点不习惯，这个
时候你可以说"这一项也是要花钱的"之类的话，以此来给孩
子一定的建议，而预算的设计形式，可以参照下面的内容：

○ 目的地：大阪的环球影城

○ 预算：15万日元

○ 需要花的钱：东京往返大阪的交通费、两天一夜的住宿
费（含早晚饭）、第一天的午饭钱、第二天的午饭钱、点心和

饮料的费用、日本环球影城的门票、土特产费用

体会适当消费的快乐

　　这个清单，是基于我实际的家庭经济建议经验而制作的。那个家庭，没有进行家庭管理会议，取而代之的是家庭休闲会议。他们以孩子为中心，成功开展了数次。

　　孩子们对清单里的项目，可以通过网络进行调查。这样一来，他们就会理解，如果不好好地规划一下，预算就有可能失败。

　　会议过程中，他们的意见交换也很活跃。

　　要是坐新干线往返，那可能会花很多钱。

　　让爸爸开车带我们去不行吗？

　　不过，爸爸开车很累，等到了地方可能就没力气玩了。

　　要是节约住宿开支的话，我们的心情可能会变差，第二天就玩得不开心了。

　　有深夜巴士的话，我们就安心多了。

　　把新干线和住宿费一起算的话，会有一些比较省钱的方案。

第一天的午饭，吃饭团就可以了。

这个家庭，会把所有的事交给孩子来规划，并让他不断地更新清单。利用深夜巴士，就可以节约交通费，主题公园内取消了一些无用的消费项目，午饭和休息的计划就变得更加完善。第二天，为了让父母也能买一些自己想要的东西，孩子们还从每人的预算中节约出了约1000日元的零花钱。

最后，备用费用丝毫没动，为期两天一夜的"父母拜托给孩子的休闲时光"圆满结束。孩子们对自己设定的计划也非常满意："只要多下点功夫，不多花钱也能玩得很开心！"另外，孩子们也意识到，15万日元是成年人一个月的生活费，然而在主题公园的旅行中，他们两天就把这些钱给花完了。

通过亲身体验来理解某种东西的价值

休闲旅行的预算是有限的，那么怎么才能利用有限的钱来让所有人都感到轻松呢？把这些交给孩子来规划，你会发现他们有很多惊人的想法。

而且，家长在执行这所有的计划的时候，对一些不曾注意到的物品与服务的价值，也能有一个清晰的认识。

包括飞机、新干线、特快列车、高速巴士、深夜巴士、租车等在内的交通费会占总开支中很大的比例。在主题公园这样的景点里，不仅仅是门票，饮食也需要花不少钱。而在露营或者野外烧烤等活动中，不用多花钱也能玩得开心。另外，住宿也分好多等级，所以他们在设定住宿费的时候也会各不相同。

了解了计划的重要性，孩子也会了解某件事会需要多少钱，这样的话，他们的金钱意识就会改变。哪怕是仅让自己的计划实践一次，他们做计划的能力也会在日常生活中得到锻炼，由此成长为一个拥有"减少无用消费"意识的人。

如果你的孩子已经进入了小学高年级，那么他们就一定会理解"父母拜托给孩子的休闲时光"的意义，所以大家一定要尝试着让孩子来设定预算，制订计划，这样大家会体会到旅行本身之外的乐趣。

💲 开设一个孩子专用的银行账户

在我们家，每个孩子都有一个自己专用的银行账户。

通常来说，14岁以下的孩子想要开设账户，必须由父母（监护人）到银行窗口办理开户手续。而且我们家的现金、银行卡和存折都是妻子管理的。

每年压岁钱和每月零花钱的余额，祖父母那里得来的临时收入，以及父母特别的奖励等，孩子们也在向着各种各样的目标进行储蓄。

我建议大家给孩子开设账户来存钱的理由有两个。

其一，可以培养孩子积极处理金钱的感觉。

以前，有些父母们一听到钱的话题，还没等孩子说完，他们就会生气地说："生活中比钱重要的东西还有很多！"的确，世界上还有很多比钱重要的东西，但是，这些东西与钱之间还是没有可比性的。

我并不想让孩子们有"比钱更重要""钱不算什么"之类的想法。金钱对人生是很重要的，我也可以发自内心地说，我喜欢钱。

我希望的是，子女们对金钱能有一种积极的态度。所以我才会让我的子女们尽早拥有自己的账户，积累储蓄经验，并认识到钱的重要性。

其二，让孩子认识到，在理财时，自己有更多的选择。

每月从500日元的零花钱中拿出100日元来储蓄，10个月就能攒下1000日元。1000日元可以买到自己喜欢的手办，也可以去现场看一场J联赛①。甚至，这样坚持下去会攒到2000日元。

随着账户数字的不断增加，孩子本人也感觉到自己的购买能力越来越强。此外，这还能帮助他们轻松地规划自己的消费。有了自己的存款，他们既可以玩自己想玩的，学自己想学的，也可以和朋友一起参加活动，买到自己心仪的物品。

———————————————

① J联赛：一般指日本职业足球联赛。

这样，他们就会意识到，有了钱就可以自己自由选择了。

大家再思考一下，我作为理财规划师，在为别人做咨询时，是要收取一定费用的。而我的客户会通过帮助他人或做其他对社会有益的工作来挣钱，在找我咨询过后需要支付咨询费。

任何一个人，在请他人帮助解决自己无法解决的问题时，都要支付与此项工作对等的金钱，这就是社会的形成方式。也就是说，你的钱越多，你的选择就会越多。

管理余额和消费方式时不要操之过急

还在上小学的孩子们，他们的银行账户都是网上银行，没有纸制的存折，每当他们把压岁钱存进账户的时候，孩子们会得到一个记录有余额的收据，会做零花钱记账的孩子，会把这个收据贴在或夹在自己的账本里。

到了上中学的时候，我们可以把ID和登录密码告诉他们，让他们自己存钱取钱，不过我们也要时不时地确认一下余额，看看孩子有没有什么极端的消费行为。

万一出现余额锐减的情况，我们就要去询问一下，孩子到底是怎么消费的。通常来说，因为这是他们自己存储的钱，所以即便觉得某种消费方式不正确，我们也没有必要批评他们。你可能会觉得这是一种失败，但孩子也有可能是因为一些事情而不得已这样做。

正确的做法，是要问问他们："尝试买一下如何？""尝试做一下如何？"促使他们去积极地思考。

而对那些认真存钱的孩子，我们就要问一句："你还真的挺会存钱啊，你是怎么做的？"以此来让他本人讲述一下自己的储蓄技巧。

如此反复，或许有点麻烦，但重要的是，我们可以借此增加交流的机会。存钱是一种什么感觉，花自己存的钱又是一种什么感觉，能和子女们谈谈这些，就足够了。

⑤ 借记卡最适合孩子

在我们家，孩子上了高中之后，肯定会有一张自己的借记卡。

一般来说，一提到银行卡支付，很多人就会想到信用卡。实体店就不用说了，网上购物的时候，一般都会让你输入你的银行卡号，这样的购物还是很方便的。

虽然使用信用卡支付会得到一定的优惠，甚至还会有积分奖励。但是如果没有一个好的消费习惯，或没有培养出好的金钱意识的话，人在进入社会后使用信用卡，可能会造成一些不好的结果。

比如，有些人为了达到消费额度，会不顾自己手头的钱有多少，也不管余额有多少，花钱时完全超出了自己的计划。由此，后期可能会有一些额度方面的问题，导致他们很难支付，于是就只能去借现金……陷入这样恶性循环的人有很多。小时候如果不经历一些金钱上的小失败，长大后就有可能遇到大失败。

在找我咨询的人当中，那些存钱失败的人，或者浪费自己存款的人，大多数都没有适当地使用自己的信用卡。

这就是为什么我推荐孩子使用借记卡。使用借记卡支付时，银行账户会立刻转出资金，这是一种即时支付。在日本，借记卡分为两种，有一种是可以把现金卡用作支付卡的J-Debit、VISA借记卡、JCB借记卡和各种国际品牌的品牌借记卡。

顺便说一句，VISA借记卡和JCB借记卡可以在世界上的加盟店里使用，所以支持这两种卡的店铺绝对比支持J-Debit的要多。它们和信用卡一样，可以进行网上支付。但这些借记卡在支付时，账户的资金都是即时转出的，所以当余额不够的时候，自然就买不了什么东西了。

而且，一些借记卡可能会事先设定好额度，所以支付时只能一次性支付，而无法像信用卡那样可以分期支付。因此，除了购物时所需支付的款项之外，就没有其他费用了。

也就是说，在利用借记卡支付的时候，其感觉是最接近现金支付的。

银行卡是现代社会的必需品。为了让自己养成一个良好的银行卡支付习惯，大家可以考虑使用借记卡。

体验银行卡支付的恐怖

孩子们对此最初的反应，大多数都是战战兢兢的，所以他们一开始都会进行一些小额的消费。借记卡与一些需要事先充值的充值卡不同，它要从自己的银行账户里即时扣除相应的资金，所以这方面意识的培养，需要一定的时间。

而且，孩子们看过新闻或朋友的经历后，可能会觉得银行卡使用过度且欠款增加的人有很多。不过，随着使用次数的增多，他们可以不断地确认自己的余额，时间一长，他们也能习惯。

这样一来，孩子们就会知道，使用银行卡消费时，自己不需要携带现金，也不会产生手续费，然后，他们就能认识到银行卡支付的便利。

曾经的我对信用卡的使用毫无准备，进入社会并初次使用信用卡之后，我也感到十分惊奇，觉得这种卡犹如魔法一般。

自己想要什么立马就能买，就算没有钱，在ATM机上也能把钱取出来。虽然我也知道这些现金是我借来的，但我依然拿着这些钱到处去玩。这无疑是一种错误。

我不希望孩子再走我曾经走过的弯路，所以我推荐大家让孩子使用借记卡。

信用卡是有风险的，但是如果我们盲目地去规避这些风险，我们的选择面会变窄。因此，早点利用借记卡学习相关知识，做好相关准备，对孩子是没有坏处的。

第二章

教孩子增加收入

$ 让孩子拥有增加收入的意识

再问大家一个问题："你喜欢钱吗？"

我的回答是："我特别喜欢钱。"

听到我说"我特别喜欢钱"的时候，很多人可能会觉得我眼里只有钱。每当父母和孩子谈论金钱问题的时候，父母总会出现一些担忧。以至于一些人一提到投资，他们就会有各种不安："让孩子进行投资，这话说得有点早吧？""孩子们可能会觉得投资挣钱太容易了，影响不好。"……

但是，金钱是我们生活、学习，以及实现各种理想所必需的东西。我认为，一个人喜欢钱，不仅没有坏处，还会对其成长产生好的影响。

所以，就像我在第一章里说的那样，我经常和我的孩子们讨论金钱问题。这样做的结果就是，我的六个孩子都对金钱感兴趣，而且他们对钱的理解也得到了培养。

让孩子对金钱感兴趣，并与他们探讨金钱的话题，可以让他们在未来减少出现大量借钱、过度使用信用卡等错误行为的可能性。

投资就是让钱为你工作

所以，投资作为一个人增加收入的方法，还是尽快学习一下为好。其实，我们为了增加自己的资金，所采取的方式大体分为以下三种：

第一种：增加每月的收入。

第二种：减少每月的支出。

第三种：运用手头资金，以钱生钱。

钱的产生方式有很多，但不是每种方式都能够让你增加自己的资金。所以，我们都要从增加收入开始。

我们努力工作，然后得到与工作相对等的报酬。或许人们都觉得这是理所当然的事，但是无论怎样的工作方式，你都必须要去做，这样你才能得到金钱。

第二种是减少每月的支出。思考一下自己的消费方式，减少一些不必要的支出。在这方面，消费、浪费、投资的支出管理三分法会起到很大的作用。如果我们能够有效节约，那么我们手头就会剩下更多的钱。

第三种方式，就是我要在这一部分里讲述的投资。

所谓投资，就是以盈利为目的，将资金投入某个金融商品或某项事业中。如果给孩子解释投资的定义，你就说"让钱为你工作，然后你也能赚钱"就可以了。从广义上来说，把钱存进银行账户也是一种投资，但是它的利息很低，所以到最后你的钱基本不会有所增加。

所以，我们应该先选择一些回报相对较高的项目，然后投入资金，一点一点地盈利。这就是Part 2所要说的内容。

投资要趁早

资金的运用对一个人来说，即便金额很少，也是非常重要的。

之前没有投资过的人，他们对投资肯定会畏首畏尾，但在日本，人们能在iDeCo（个人定存养老金）和储蓄型NISA等项目上进行分散的长期投资的话，在税率上会有优惠（后面会详细叙述）。

当然，投资必然是有风险的，但是如果能够长期投资的话，我们还是很有可能得到不小的回报。

比如，利用iDeCo，购买一些能够保证本金的投资商品，税费会很低，所以，对那些抗拒投资的人来说，这方面还是值得考虑的。

假设一个人能活到100岁，那么在退休后的30～40年的时间里，仅靠国家保障生活下去是非常困难的。同时，仅仅依靠自己的资产生活，也不太可能。孩子这一代人同样如此。

而我们能做的，就是在我们意识到这一点之后，立刻开始让钱为自己工作。因为"老后两千万日元"这个任务，不是一下子就能完成的。

但是如果我们能长时间努力投资的话，我们的收入肯定会增加。就像前面说的那样，孩子的武器就是时间，从年轻时就开始投资，效果必然很明显。

分散、储蓄、长期是投资的关键词

让金钱为自己工作，并让自己形成投资意识，其对家庭经济产生的积极影响远不止资产增加这么简单。

我们每个月可能都要拿出一些钱来投资，这个时候我们就有必要考虑一下自己的金钱使用方式。产生节约意识，学习节约方法，然后进行实践，这都是我们积攒投资本钱所必需的行动。下了这么大的功夫积攒下自己的本钱，投资的时候自己的关注度肯定会提高。而且，等到我们的投资渐渐得到回报之后，我们将越来越能感觉到，自己的家庭经济也越来越健全。

也就是说，投资是我们改变消费方式的转折点，由此我们可以省去无用的消费，为自己积累出投资所需要的资金，并形成良性循环。

但是，这种良性循环只有在正确投资的前提下才会产生。不当的投资，只会让家庭经济崩溃，形成恶性循环。

那么，当我们与孩子讨论过投资的话题之后，怎样做才算是正确的投资呢？

这个问题没有标准答案，不过根据我之前的咨询经验，我认为正确的投资应该是去选择一些风险较低，并可以运营多种投资商品的投资信托。这对于刚开始投资的新手来说是最合适的。

分散、储蓄、长期的详细内容，我会在第二章来展开讲解。

$ 要开始投资，我们需要攒多少钱

接下来，我就要针对可以让孩子收入增加的投资进行讲述，首先我们来考虑一下一般家庭的情况。

我攒了100万日元，可以进行投资吗？

我银行账户里已经存了不少钱了，不管怎样，我都想尝试投资。

我不知道什么时候开始投资比较好。

每当我建议一些新手开始投资的时候，他们一定会对投资开始的时间点存有疑问。这个时候，我就要说一下"三个口袋"和"预存储金额"了。

所谓的"三个口袋"，就是依据不同的用途所开设的三个账户。

第一个是"支出口袋"。

里面是每月的固定支出，以及应对突发状况的资金，说得简单一点就是生活费账户。我建议大家在这方面要保留一个半月的收入。能有半个月工资的缓冲费用，我们也会感到安心。

第二个是"储蓄口袋"。

这里面装的是可以应对意外状况的生活保障资金。至于其金额，我建议大家拿出至少半年的工资用在此方面。这样一来，你就足以应对诸如投资失败、生病、失业等任何一种意外情况了。

将来遇到买车、子女上学等事情，需要积攒资金的话，我们可以把它们存进另一个账户，与前面那些分开。

第三个是"增收口袋"。

里面是可以灵活利用并且不会影响到现有生活的多余资金。投资就要从这个口袋里支出。即便遇到股价下跌、投资信托的评价额下跌等意外状况，使自己遭受了损失，我们也可以依靠剩余资金来让自己的投资持续下去。

也就是说，最佳的投资时机，就是"支出口袋"和"增收口袋"总共积攒七个半月收入的时候。

月收入20万日元，你就要攒下150万日元。

月收入25万日元，你就要攒下187.5万日元。

月收入30万日元，你就要攒下225万日元。

此外，要是能准备好未来几年都可以维持你生活的资金额的话，投资会变得更加顺利。

要注意不能过度投资

虽说尽早开始投资是增加收入的最佳方法，但人们也很容易在这方面运作失败。而那些投资成功的人，都很善于准确把握自己的家庭经济现状。

此前我也见过一些能够积极运用资金，且具有丰富的投资知识，但投资却不怎么顺利的人。其特点在于，他们都过度关注未来。

当然，我们在开始投资时需要考虑未来的情况。甚至可以说必须要考虑。但是，一旦忽视了家庭经济的现状，就会造成非理性投资。

比如，一个咨询过我的人，他一听说iDeCo的税率很低，而且风险也很低，可以依靠自己来积攒养老资金，于是就毫不犹豫地进行了投资。

前文也说过，因为其税费低，而且能为我们有效地积攒养老资金，所以iDeCo确实很不错。它还可以与投资信托之类的非固定本金类商品，以及保险、定期存款等固定本金的商品进行组合投资。

但是，原则上来说，我们一旦决定投资iDeCo，就要持续投资到我们60岁的时候。要是不攒够七个半月的收入，每月往这里面投入数万日元的话，家庭经济状况肯定会变得很不乐观。

那个找我咨询的人是一对夫妇，他们每月要投入46,000日元。因为，他们每个月的支出都会超出他们的收入，"支出口袋"和"储蓄口袋"很快就空了，最后他们不得不依靠奖金来维持生计。

人们一旦不顾及自己的家庭经济现状，仅仅基于"税率很低"和"风险也很低，可以依靠自己来积攒养老资金"等原因就进行投资，就很可能造成上述结果。无论税费有多低，要是没有足够的储蓄，我们就不能急着享受这些所谓的优惠。

要避免这种结果，我们就得把握自己的经济条件。在投资后，也必须要有一定的剩余资金，这就是我们关于投资所必须要学习的要点之一。

这也是投资的大前提。

最好选一些价值变动不大的投资信托

这也是孩子们所必须具备的投资经验。

虽然他们不需要像我们一样考虑剩余资金的问题，但养成每次只使用零花钱的一部分，以及先存钱后投资的习惯，这是十分重要的。

运用自己积攒的资金去投资，可以培养孩子的金钱意识。

说到这里，有人可能会问："孩子的零花钱也能用来投资？"关于这一点大家可以放心，以网络证券为中心，投资信托的很多投资商品只需要100日元就能买到。

父母可以给孩子开设一个银行账户，以"不仅要学习，而且要习惯"为目标让孩子开始进行投资。比如一些国内股票、国外股票，以及新兴国家股票等各种投资对象，要是买了10个，每月总共也只需要花1000日元。

如果投资信托的估值下跌，损失最多也只是1000日元。如果一下子投入了巨款，投资商品价值上升的话，我们会高兴；价值下降，我们会沮丧，这是由我们的判断失误造成的。

投资信托的价格涨跌幅度不会像股票那样巨大，所以我们可以先进行小额投资，并进行冷静思考。父母和孩子在反复的投资过程中，相关知识会渐渐增加，也会慢慢习惯投资商品的价值浮动。

⑤ 时间一长，复利的效果就会体现出来

在正式开始投资之前，有一些东西需要我们进行确认。

这就是单利和复利。关于这两个词，你能跟你的孩子准确

解释吗？

> · 单利：本金+利息
>
> · 复利：本金+利息，上一期的本金和利息会成为下一期
>   的本金

我们假设，本金是100万日元，年利率为3%，期限为

10年。

单利的话，每年利息就是3万日元。

也就是说，100万日元本金+每年3万日元的利息，10年后总共就是130万日元。

另一方面，如果是复利，又是一种怎样的情况呢？

第一年，在你得到3万日元利息之前，此期间依然属于单利。

但是，第二年的时候，你的本金就成了103万日元。前一年的利息会成为下一年的本金，那么10年后的利息总额大约是134,34万日元，比单利的利息多了四万多日元。

复利会使你的本金一年比一年多，得到的利息也会逐年增加。

当然，期限越长，单利和复利之间的利息差距就越大，比如，本金100万日元，年利率为3%，期限为30年的话，就会得到以下结果：

· 单利——190万日元

· 复利——243万日元

刚开始的利息差距不算大，但到最后它们的区别就很明显了。能不能认识到单利和复利的差别，会影响到我们对投资商品的选择。

　　想让金钱为自己工作，显然复利是比较好的。

　　一些金融机关和证券公司，会以每月会得到一些红利为理由，向你推荐每月分红型的投资商品。

　　每月分红型的投资商品，从收益方面来说其实很容易让人吃亏。因为分红也要收税，而且，年分红如果被分散到了每个月进行发放，则税收的次数就会增加，进而造成投资效率下降。

　　而且，在投资环境良好的前提下，收益确实很可观，可一旦形势不好，投资信托难以发放红利，分红对他们来说就成了负担。

　　这样一来，他们就无法从自己的收益当中拿出需要分配的红利，而只能去削减本金来补充分红。而本金要是消耗干净了的话，储蓄投资就没有意义了。

复利就是滚雪球

当我们跟孩子解释复利的时候，可以把它形容成滚雪球。

一个小雪球在雪地上滚，每滚动一圈雪球就会变大一点。滚动次数多了，小雪球就会变成大雪球。

雪球滚动的时候，其外围的雪就是利息。而且，小雪球变成大雪球的过程，就类似于复利的运用过程。

与此相对的，单利就好比我们把雪地上的雪一点一点地收集起来。只要你努力，也会得到一个大雪球，但在这种过程中，雪球不会大到前者那种程度。

复利的好处，就是期限越长，你得到的利息越多。

这一点和雪球一样，一个垒球大小的雪球，滚动10圈之后，可能也就是跟足球差不多大小。可是，雪球的体积越大，它每滚动一圈所增加的体积也就会越大。另外，复利的增收效果，一般会从投资的第10年开始体现出来。随着时间的推移，雪球会逐渐变大，当到了某个时间点时，你就会发觉：啊！雪球已经这么大了！

⑤ 时间就是投资的神器

时间就是神器。

我在一些投资信托上已经进行了18年的长期分散投资，雪球一直在稳步变大。在运用这些投资项目的时候，每当复利的效果以数字的形式摆在我眼前的时候，我都能感受到"时间就是神器"的真谛。

如果，一个孩子能每月进行500日元的长期分散投资的话，这种事情，想想都能令人感到开心。

即便是上了中学，孩子也可以拿自己的零花钱和压岁钱来投资，但是，在那5年间，孩子不仅可以感到自己的收入增加，还可以通过做兼职来增加自己的投资本金。等到他们进入社会时，假如每月的储蓄额可增加1万或2万日元；到30岁的时候，他们的存款说不定就有几百万日元了。

实际上，我的孩子从初高中开始，就开始利用投资信托，进行长期分散投资了。

因为每月的投资额很少，所以他们的投资看似很不起眼，但是，他们有时间，还有复利，从10岁开始算，如果到60岁结束，他们的投资期限可以达到50年。

我们假设，每月1万日元，年利率3%，投资期限是50年。

600万日元的本金所得的利息约为775万日元。当然，在此期间，孩子要上大学、买车、结婚、生孩子，处理这些事情，还是要花不少钱的。

即便如此，他们还是可以保留长期分散储蓄投资的部分，并且在长大后做一些兼职。这样一来，他们在进入社会后的短时间内，就可以获得足够的资产。

孩子需要给未来的自己送钱。同时，他们也要把时间和复利这两个神器当成自己的朋友。

金钱为你工作时，依靠时间和复利，时间越长，你的收入就越多。

当我们习惯投资后，在遇到金融危机等全球金融环境变差的情况时，我们也可以增加投资信托的购买量。这样的话，我们就能在低风险的前提下享受到5%的年利率。

每月1万日元，年利率5%，50年之后利息就会超过2000万日元，总额也会超过2660万日元。

基于长期投资，时间和金钱就会具有相同的价值。

储蓄投资的优势

投资新手在开始投资时可能会担心："现在开始投资到底合不合适？"

比如说，在雷曼事件引发经济危机之后，自己还有没有勇气投资？或者，日经平均股价[①]恢复到两万日元范围之内后，股价会不会再下跌？人们或多或少都会有这样的不安。但是，我认为，任何时候投资都没有问题。

对那些想要投入大量资金的人来说，在刚开始投资的时候确实有必要慎重一些。一次性向投资信托投入大量金钱，时间一长自己可能会遭受损失。

---

① 日经平均股价：指由日本经济新闻社编制并公布的，用来反映日本股票市场价格变动的股票价格平均数。

但是，分散、储蓄、长期的投资，就会降低这类问题出现的风险。

因为储蓄需要人们一点一点地增加投资额，因而在时间上也具有分散性。价格高的时候可以少买一些，价格低就多买一些，这样我们就可以根据实际情况让投资有所变动。

也就是说，忽视价格变动，每月购买固定额度的话，这样就会抑制平均购买单价。其实，投资信托能保有20年的人，很少会在最后遭受损失，他们中的大多数，都能获得2%～6%的利润，这一点我在前言里跟大家说过。

而且，投资信托也会和日本股票中心、外国股票中心、债券中心等分散开来，一旦价格下跌，很快也会在价格上有所调整，由此最大限度地避免损失。

进行以分散、储蓄、长期为大原则的投资，我们就可以有效把握时间和复利。对于那些既有资金又有时间的孩子，我们应该尽早地让他们拥有让金钱为自己工作的观念。

$ 不要把风险看作是危险

大家应该都知道"投资有风险"这句话。

那么这里我要问大家一个问题。

你该怎么跟你的孩子解释风险？

很多人觉得风险就是危险，但是在投资的世界里，风险的意义其实是不确定性。

也就是说，高风险不代表高危险性，而是指其不确定性非常高，同时也意味着某商品可能赚钱，也可能赔钱。

金融商品大致分为以下两类：

·高风险，高回报：不确定性很高，但有可能获得很高的利润。此类金融商品里包含外汇、不动产投资等

·低风险，低回报：不确定性很低，盈利也很少。如储蓄型投资信托或国债等

在我18年的投资生涯里，我很幸运，到现在都没有遭遇过什么重大损失。到现在，我的投资盈利大约是7%。

由于工作的原因，再加上自己的好奇心，我尝试了很多类型的投资。刚开始是股票、债券、投资信托，后来也投资了黄金、铂金、外汇、不动产等高风险、高回报产品，甚至还涉足过可信度不高的投机性商品。

虽然不会投入很大的金额，但即便是只投入自己一天的工资，我们也有可能遭受同样额度的损失。有时，我们购买的股票价格突然下跌了2/3，导致我们不得以抛出，弄得我们血本无归……

这样的话，我们就会因为损失了钱而灰心丧气，自然也就无心工作了。而且，就算是赚到钱了，这也属于不义之财。

正因为经历过这些，所以我才敢说，这也是我对投资风险的诠释。

风险和回报的关系

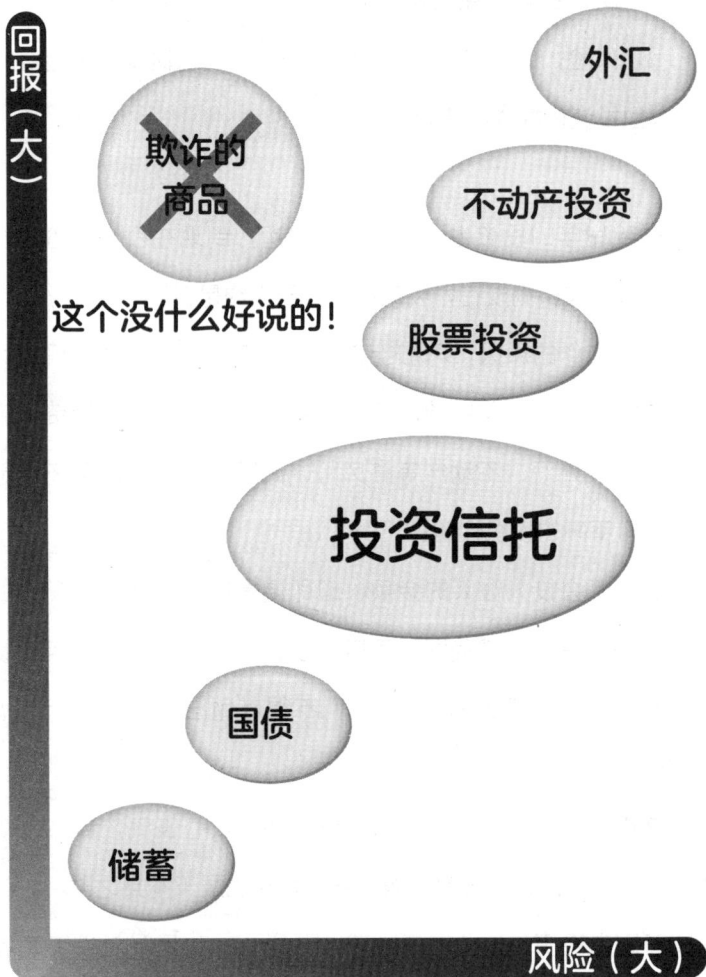

回报（大）

风险（大）

外汇

不动产投资

欺诈的商品

这个没什么好说的！

股票投资

投资信托

国债

储蓄

所以，要是没有一个自己的"轴"，投资时你就看不到金钱的"工作状态"，进而你也就无法了解自己的投资能得到多少回报，甚至，能不能回本都是一个问题。

想尽快投资，就要好好地积累资金

我们不要以短时间内获得高回报为目标。相反，要是能有一种循序渐进的观念，我们就肯定能感受到收入一直在增加。

你在阅读本书时，我想你也一定希望你的孩子能从现在开始投资，并在未来让他的投资"长成一棵大树"。在这方面，我推荐投资信托，并且要进行长期分散投资，因为这样的投资方式属于低风险、低回报一类，因此我们可以清楚地了解金钱的工作方式。

在孩子长大成人之后，算上社会保障，进入社会的他们压力或许会很大。

正因如此，我才希望大家能认识到，利用投资信托，进行长期、分散投资，时间就可以变成孩子的伙伴。

如果你能在孩子10岁的时候，教他开始投资，那么通过实际的数字变化和父母的言传身教，孩子自然会了解投资的好处。

每月投资2.3万日元，将来会得到多少钱？

※假设年利率5%，复利，投资期限为40年

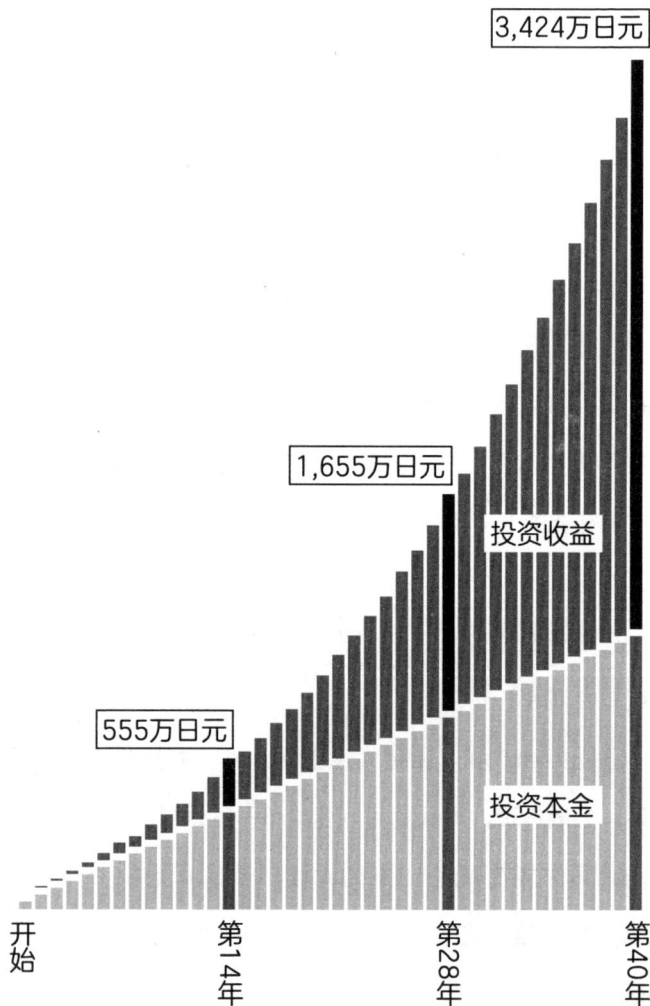

3,424万日元

1,655万日元

投资收益

555万日元

投资本金

开始　　第14年　　第28年　　第40年

$ 不投资也是一种风险

　　长期分散的储蓄投资虽然风险较低，但在某些时期，我们还是会遭遇一些损失。有些人在找我咨询时，会跟我说："既然有可能赔钱，那我暂时不投资，先好好攒钱吧。"

　　当然，这种想法是比较普遍的。

　　只是，攒钱也有风险。

　　日本进入了一个超低利率时代（这是历史上的首次）。2016年，日本央行导入了利用负利率进行金融缓和的政策。从那以后，商业银行在日本央行的储蓄都变成了负利率，这也就导致我们的存款利率几乎变成了0。

　　现在一些四五十岁的人或许还记得，在20世纪90年代，日本处于一个高利率时代，单靠在邮局和银行的账户里存款，收入也能增加。10万日元的存款，1年之后就能变成10.5万日元。

然而，现在的孩子要是存上10万日元，所得的利息几乎可以忽略不计。要是我们只依靠存钱的话，钱是无法有效工作的。

不过，存钱肯定不会让你赔本，所以它比投资还是要安全得多。只是长期来看，即便是不赔钱，你的收入也基本不会因此而增多。

日本的物价和租金现在都在下跌，这种通货紧缩已经持续了很久。为了摆脱这种状况，政府才采取了负利率的政策，当然其效果仅限于现阶段。所以，这种超低利率时代短时间内还不会结束。

不过，这样的通货紧缩总有一天会结束，并迎来一个通货膨胀期。到时候价格就又会上涨，相对地，货币就会贬值。

简单来说，现在某个商品的价格为1万日元，而未来某一天上涨到了1.2万日元，那么你手头的1万日元现金，其价值就会减少0.2万日元。

即便情况没有这么极端，在通货膨胀期内，如果物价上升率为2%的话，一年以后，100万日元的实际价值就会变成98万日元。因而，虽然你的存款额没有减少，但金钱本身的价值却不如以前了。

这就是通货膨胀风险。

在投资前，大家要先了解四个要点

如果自己国家货币的汇率持续下跌，我们在购买进口商品的时候，就必须要花更多的钱。

比如，现在我们可以花1000日元买到一瓶法国红酒，而汇率下跌之后，买一瓶法国红酒就得花1150日元。这样一来，我们持有的现金（日元）的价值也会随之减少。

在这样的负利率政策下，我们在银行存的钱基本不会有什么增加，同时社会的通货膨胀和日元汇率下跌也是有可能出现的。所以，只在银行存钱，也可以被称为一种风险。

而且，孩子的时间会被白白浪费掉，这种神器就没什么用了。

在同等风险的条件下，最大限度地抑制风险，利用存款来进行盈利，无疑是一种好办法。

比如，我们可以寻找一个年利率为3%的长期分散储蓄投资，然后利用时间和它的复利来应对通货膨胀的风险。

在负利率的大背景下，利用投资信托进行储蓄投资显然要比单纯的存钱更有效率。对成年人来说，这可以成为一种家庭经济保障，而对孩子来说，则可以成为一种规避未来风险，增加自己收入的投资手段。只是，之前我也说过，想要投资，我们要做一些准备：

- · 要有一个关于消费方式的"轴"
- · 家庭每月的收支要处于黑字（进大于出）的状态
- · 必须要有以防万一的生活保障资金
- · 不要进行以短期盈利为目标的投机行为

反过来说，虽然有些人已经具备了上述四个条件，但如果他们不进行投资，未来还是可能会有风险。所以，我们应该把握这个可能会延续很久的低利率时代，杜绝非理性投资，脚踏实地地增加我们的资产。

⑤ 我们该投资什么商品呢？

　　我所推荐的投资，大都是些每次投入金额较少，相对安全的投资方式。

　　"股票低买高卖，短期内就可以赚大钱。""外汇的话，50万日元可以变成300万日元，这基本就是一夜暴富。"我推荐的投资方式，和上述这些是不同的。

　　它需要很多时间，并要求我们把"小树苗"慢慢培养成"大树"。

　　所以，对一些有一定投资经验的人，这种方式是不完美的。

　　对那些初次投资的父母和孩子，不想遭遇损失的人，以及愿意花时间为将来积累资金的人来说，这种方式是最合适的了。那么，在讲过了长期分散的储蓄投资之后，我就来说明一下，我们具体应该投资一些什么商品呢？

前面介绍过，世界上有很多投资商品。

高风险的商品除外汇和差价合约外，还包括股票投资、黄金投资、不动产投资等。而低风险投资商品则包含储蓄、存款、货币市场共同基金、储蓄投资信托、交易型开放式指数基金等。

这其中，可以把"小树苗"慢慢培养成"大树"的，就是储蓄投资信托。就像前面说的，其要点有分散、储蓄、长期三个。

第一个要点是分散。

分散是指"所有的鸡蛋不能放在同一个篮子里"。如果都放在同一个篮子里的话，一旦篮子掉在地上，所有的鸡蛋都会碎掉。投资的世界也是一样，我们不能把大多数的钱都投在一个项目上。也就是说，我们必须要分散投资。

假如，我们把所有的多余资金都投到了某一个公司的股票上，一旦那家公司经营不善，陷入经济危机的话，其股价肯定会暴跌。这样一来，公司就会破产，它们的股票也就会变得和废纸一样毫无价值。

基于这一点，我们选择投资信托的话，就可以进行分散投资了（大致分为四类：日本股票、国外股票、日本债券、国外债券）。

股票和债券的价格变动，基本就是跷跷板的关系。利率上升，则债券价格下跌，股票价格上升；利率下降，则债券价格上升，股票价格下跌。也就是说，如果能同时持有股票和债券，我们就可以把风险分散开。

第二个要点是储蓄。

储蓄投资的优点是我们可以在刚开始时投入很少的金钱。我们不需要一次性拿出好几十万日元来投资。网络证券的储蓄投资信托，每月可允许我们最低买入100日元的商品。这样就可以防止孩子们非理性地使用自己的零花钱了。

而且，这种投资方式，可以灵活应对所购买投资商品的价格变动。

假如，一个人打算在投资信托买一些投资商品，每月要投入1万日元。刚开始1万日元可以买1万股，随着价格的上升，到后来1万股需要1.5日元，那么他只能花1万日元买到6666股。

相反，如果价格下跌，1万股只需要0.5万日元，那么他花1万日元可以买到2万股。所以，价格高了的话我们可以少买一点，价格低了就多买一点，这种投资方式就是有着这种定额购买的优势，最终，我们可以使我们的购买单价平均化。时间一长，我们就可以稳定投资了。我们把这种购买方式称为"成本平均法"。

此外，这种储蓄型投资，还有一种时间上的分散作用，这一点我在前面介绍过。

第三个要点是长期。

如果一个人只追求短期投资，那么他就会试图以赌博的方式一决胜负，然后会购买一些高风险、高回报的投资产品。而且，这样的投资如果要盈利，就必须要低买高卖，而这样的时机，即便是专业人员也很难把握，其概率大概就是十战九败。

此外，此类投资项目的价格变动很大，我们要是赚钱了就自满，亏损了就抛出，这样是无法把"小树苗"慢慢培养成"大树"的。

市场的成长不仅仅出现在日本

在投资的世界里，我们要认识到，市场也是会成长的，这也是开始投资的前提之一。回顾过去，历史上确实出现过数次大萧条时期，但世界经济总会回到其应有的趋势，使市场继续成长。如果可以利用投资信托的长期分散储蓄投资，我们就能借助世界经济的发展来慢慢培养我们的"大树"。

支持世界经济增长的，就是人口的增加。

基本上，人口增加，一个国家的GDP也会增加，市场也会随之成长，这一点历史可以证明。

虽然日本现在正在经历人口老龄化，但世界上多数国家的人口是在不断增长的。目前，世界人口约为77亿，到2050年，人口预计会增加到100亿。

因此，我们能在投资信托购买一些巴西、印度等国家的股票的话，就可以让这些国家的人口增长成为我们盈利的武器。而且，长期投资也可以有效发挥复利的作用。

增加收入的工作可以交给专家们

投资信托的运作方式，简单说来就是把投资人的资金汇集起来，相关专家会将它们运用到股票或基金上，然后将所得的成果按照投资比例分配给投资人。

这里所说的专家，就是投资信托里的基金管理人。他们精通各种金融商品和市场，也知道怎样才能产生收益，遏制风险。有了这些专家，我们就可以安心地进行长期投资了。

这里面我要推荐的是指数基金。专家们不会直接选择投资对象，而是先分析市场的动向，在投资时控制成本。

这种商品，瞄准的是与市场整体指数联动的价格变动。日本股票的指数基金，是以与日经平均股价（日本225个代表品牌的平均价格变动）和东证股价指数进行联动为目标而设计的。

指数基金的优势，是可以进行分散投资，便于理解，成本较低等。

即便是不了解指数基金的人，在基金管理人的帮助下，选择一种涵盖日本股票、国外股票、日本债券、国外债券的平衡型指数基金的话，也可以实现分散投资。

当有人问我"我是新手，该投资什么项目？"的时候，我一般会说储蓄型和平衡型的指数基金，因为这些项目是不收取手续费的。

另外，如果孩子问你什么是投资信托的时候，你可以把这解释为一个"福袋"——一个汇集了世界上优秀公司的福袋。

我们可以每月往那个福袋里存几百日元，然后我们的钱会和别人的钱结合起来，帮助我们一点一点地增加收入。而且，这样做的话，你虽然人在日本，但可以帮助其他国家的人完成自己的事业。

然后，我们就无须操心，只需静静地期待自己能积累××百万日元的资金，或者一直持续到我们××岁了。而且，无论出现什么状况，我们都不会受到影响。这样我们就可以随用随取，慢慢地培养我们的"大树"。

$ 投资和彩票的区别在哪?

在第一章里，我跟大家介绍了消费、浪费、投资的三分法。一些比较较真的人，可能会尽全力让浪费保持为0。不过，我作为理财规划师，虽然提倡节约，但也觉得没有必要做到零浪费。我一般都会说"把浪费控制在家庭经济的5%以内就可以"。

要问原因，那就是我们也必须要有一定的消遣和娱乐。

任何方面都设限的话，生活会变得很无趣。

如果连自己需要什么都不知道就盲目消费，这显然是一个大问题。但是如果能给自己事先设定一个浪费的界限，并好好把握，我觉得浪费一点也没什么。

孩子的零花钱也是一样，与其告知孩子不要乱花钱，不如先帮他们设定一个浪费的区间，在那个区间内，孩子买点扭蛋，买点点心，甚至买点很快就会失去兴趣的玩具，都是可以接受的。

而孩子本人会通过这些意识到，哪些东西是自己当初不需要买的，下一次消费的时候就不会再重复同样的错误了。

接下来，我要说一下投资和彩票。

我不会否定人们在彩票上的消费，理由和浪费是一样的。

能让人一夜暴富的彩票，只要不超过家庭经济的5%，或者低于自己的目标值，就没什么问题。

你在开奖日之前对彩票中大奖的幻想，是你人生中可以有的刺激经历。放松过后调整好心态继续工作，从这一点来看，这也不算是浪费。

只是，大家一定不要像我年轻的时候那样，打工挣了点钱就买很多彩票；有点闲钱就去请朋友们吃烤肉，即便自己身无分文，可第二天还是一掷千金。这种状态显然是最不可取的。

我们应该始终把这部分消费控制在理想的范围内，至于娱乐，只要感到"乐"，就足够了。

投机也属于浪费

投机成分较高的投资，也是浪费。

有些咨询者跟我说，他们看到新闻媒体的报道，有一些人通过外汇或虚拟货币赚了不少钱，于是自己也想尝试。

可是，在我看来，这完全就是在赌博。

所谓的外汇投资就是，根据美元、欧元、英镑等货币的汇率变动，购买对应的货币，并通过汇率变动选择时机出售以赚取差价。

而虚拟货币这种商品是没有纸质货币的，它就是一堆电子数据。我们熟悉的比特币就是虚拟货币的一种。我们要利用日元或美元购买虚拟货币，而虚拟货币也可以在某些店铺里用来支付。

它和股票一样，其价格也会根据实际情况有所变动，其特征就是变动的幅度很大。价值1万日元的虚拟货币，如果需求增加，价格涨到原来的20倍的话，虚拟货币的总价值就会变成20万日元，你会因此赚到19万日元。

可是，它的价格不会像其他投资商品那样，能够反映供求关系。有些人可以在某个大热时期赚到超过1亿日元，成为亿万富翁，还有些人几乎赔得什么也不剩。这些人是在没有看清未来的前提下进行了投资。所以，我们一定要避免在外汇和虚拟货币上投入过多的金钱。

当我们积累了一定的投资经验之后，等到再次出现虚拟货币的大热期时，我们或许会觉得，不投资也是一种损失。

如果，你无论如何都想尝试一下的话，那么，在理想的浪费范围内，或者在不影响家庭经济的范围内，你可以去接触一下这种陌生的投资。

我并没有打算给我的孩子留下什么财产，但我希望能教给他们积累资产的方法。孩子们所处的时代和身为父母的我们不一样，储蓄和消费的方式已经发生了很大的变化。要是不理解这个概念，就与金钱打交道，我们是要蒙受损失的。

正因如此，低风险、低回报是投资的金规铁律。

$ 你能跟孩子解释保险的作用吗？

你听说过"储蓄是三角形，保险是四边形"这句话吗？

储蓄需要我们一点一点地把钱存进去，随着时间的推移，余额会渐渐增多，由此形成一个三角形。与此相对应的，人寿保险与时间没有什么关系，从你加入开始，你获得的金额是基本固定的，用图形表现出来就是一个四边形。

假设你每月存3万日元，那么一年后就是36万日元，如果，这个时候出现了一些意外，则你能取出的钱也是36万日元。

假如购买人寿保险一个月之后发生了意外，你就可以获得一些固定的保障金额。虽然你事前要为此支付3万日元的保险费，但如果合同里规定的保障金额是100万日元的话，你就可以获得100万日元。

所以说，"储蓄是三角形，保险是四边形"。虽说保险费你只需要支付一次，但支付过后，你就可以获得极大的安心和稳定的保障。所以，在我们年轻，没有多少钱的时候，为了预防各种不测，买保险是非常有用的。

前面我说的这些跟保险推销员说的话没什么区别。很多年轻公司职员在接触过保险推销员之后，觉得身边的人都已经买保险了，自己也要买，于是便随大溜买了一些保险。

结果可想而知，当他们总结自己的收支时会发现，"根本不了解保障内容就盲目购买"的人寿保险费成为无用消费榜单的前三名。

人寿保险是一个总称，它大致可以分为以下三类：

· 死亡——被保险人死亡后死者的亲属可以得到一定的保障

· 医疗——被保险人在死亡前的医疗保障

· 储蓄——可为养老资金和教育资金做准备

在购买人寿保险之前，我希望人们能先考虑一下，这三种保险有必要全都买吗？

关于这些保险的必要性，一般都是医疗>死亡>储蓄，所以这三种保险都需要的人是很少的。所以我们必须基于我们的家庭状况、生活方式，以及现有的储蓄，进行综合判断。

不推荐大家通过保险来积攒教育费用的原因

如果孩子问你："保险有什么用？它到底是个什么东西？"你该怎么回答？

它有点类似于投资信托，把人们的钱汇集起来，形成一个大钱包。这些钱暂时由保险公司管理，当某个出资人生病、受伤，甚至死亡的时候，这个大钱包就会分给他们一定的保障金额。

孩子们听到这些，或许会觉得保险就是在人们困难时可以提供帮助的东西。但是，其实这是一种赌博，因为你支付的保险费最终可能不会给你换来什么保障，这种赌博说好听了是保险。一个人能不能获得保障，能获得多少保障，都与他未来的健康状况有关。

没有买保险的人，如果能在未来一直健康生活，他就会觉得不买保险真好。相反，一些对自身健康很自信，且没有买保险的人，一旦遭遇意外的伤病，他的医疗负担就会变重，此时这个人可能就会认为："当初真应该买个保险……"

大多数情况下，人寿保险不是我们必须要买的。

就算是自己生病，或者家里的劳动力亡故，只要我们拥有必要的金钱储备，不买保险也是完全没有问题的。但是，因为很多人并不具备这种必要的金钱储备，所以为了以防万一，他们还是买了保险。

不过，一旦买了保险，对其包含的保险内容，每月需要支付的保险费用，以及被保险人的生活状况，我们都要认真思考。

比如，在日本有一个"高额疗养费制度"，只要有能激活健康保险的医疗费，即便是需要长期住院和支出高额费用，其本人也无须支付超越自身负担上限的医疗费。

与其在不了解这种制度的前提下支付医疗保障的保险费，我们不如把这些保险费都存起来。

只是，"高额疗养费制度"在保险项目之外是无效的，所以，对于如癌症、心肌梗塞、中风等不属于保险内容的疾病，如果你有所担心的话，还是有必要考虑一下自己到底要不要加入。

　　这种选择保险的方式，根据的是人的实际状况，这样才是正确的方式。

　　在孩子出生后，以及在考虑自己的老后生活时，我们或许会想到，要买一些教育保险和个人养老保险等以储蓄为目的的保险。

　　可是，站在理财规划师的立场上来说，现在的储蓄型保险并不是一种好商品。因为这种商品，你一旦存钱进去，中间是不能把钱取回来的，其流动性特别差。而在到期前解约的话，你肯定会赔本。

　　保险的优势是你在加入后可以给你一定的保障，但实际上，买保险的人，十有八九最终都会有所损失。

　　与期待中奖的彩票不同，对于保险，你不会期望自己身上发生点什么事故，这样的商品属性也着实很不可思议了。

💲 不劳而获是一种很宝贵的经验

你了解过"个人资本"和"金融资本"的概念吗？

个人资本，是一个人未来积累资金能力的总和。

简单点说，如果一个年轻人在未来长时间健康工作的可能性很高，那么他的个人资本就很丰富。

而金融资本是指一个人将挣到的钱储蓄起来而形成的金融资产（包括储蓄和金融商品等）。除去继承父母财产等特殊情况，年轻人基本上是没有什么金融资产的。但是，丰富的个人资本可以帮助一个人预防未来可能发生的意外状况。

我们总会变老，到我们50岁，或者60岁的时候，个人资本肯定会减少，这个时候金融资本就非常重要了。

在你的个人资本比较丰富的时候，你可以努力挣钱，增加收入。在这之后，我们就必须去储蓄和投资了。

我们做父母的，会把通过股票投资和投资信托挣得的钱称作是不劳而获。这个时候，就会有不少人认为，这种说法太消极了。而且，还有人觉得，我这是在对那些通过股票赚大钱的人指指点点。有这种想法的人，恐怕只会通过自己的劳动来赚钱。

以前，我参加过一些聚会，里面都是一些通过投资来致富的人。我当时借着酒劲说了一句："你们都是不劳而获啊！"听闻此言，周围的人都对我说："这可不是不劳而获，投资的时候你需要学习，你是在冒着失败的风险获得利润。"

在外人看来，他们似乎什么都没做，但其实，他们在这个过程中真的非常辛苦。

当然，我们也可以看到，有些人通过继承巨额遗产，或买彩票中大奖获得了一大笔钱，但由于他们还不习惯这种状态，所以他们也会感到很麻烦。

没有良好消费方式的孩子，在得到钱之后会马上花光，其道理也是一样的。不懂消费的人，就算是突然获得巨款，也肯定不会有效利用。

不过，随着个人资本的减少，不劳而获还是会增加人们的底气。尤其是在今后，我们基本不可能再指望退休金和养老金会成为我们的金融资本。我们有必要让生于这个时代的孩子们知道，靠金融资本来帮助自己不劳而获的重要性。

作为父母，你的一言一行肯定会影响到子女。不劳而获是一种很珍贵的东西，它可以改善你和孩子的经济状况，甚至改变人生。因此，你和孩子们一定要有这种意识。

即便如此，你可能也会感到不安："就算是跟孩子说了这些，可现在的这个时代实在是很严酷……"不过，你大可放心，金融资本的准备工作，远不像你想象的那般艰难。

我也说过很多次，孩子们的优势就是拥有时间，而这就是积累资产最重要的因素。

10岁到50岁是一个人个人资本最丰富的时候，我们只要在这个时期努力挣钱并做好投资，之后就算是放手不管，我们的金融资本也会增加。

$ 为孩子开一个证券账户

作为孩子们投资的第一步，拥有一个证券账户来进行投资信托的买卖是十分必要的。

证券公司有两种，一种是在门店进行直接买卖，一种是在网上进行交易，这两种有着很大的区别。

在实体店里有很多营业员，他们会分享给客户很多信息或建议，因此有人会觉得这样会比较让人放心。但是我还是推荐网络证券。

其中的原因就是，实体店的收费太多，包括交易手续费、账户手续费、管理费等。而且，买卖和兑换的时候，必须要事先在营业时间内打电话咨询，才能去店里进行办理。

而网络证券的话，只要你有电脑或手机，且有网络，任何时候都能处理相关业务。还有，交易时的手续费很低，也不会有什么账户手续费和管理费等。

另外，我在第一章里也说过，网络证券允许人们的最低投资额是100日元。因此在手续费和便利性方面，网络证券有着压倒性的优势。

有些人会觉得，没有人给予建议，自己会感到很不安，但我所推荐的投资，都是长期分散的储蓄投资，而且项目基本都是平衡型的投资信托，因而我们几乎不需要什么建议。

再有一点，一些必要的信息，我们可以在网站上找到，所以，只要你对电脑或手机没有什么厌恶情绪，选择网络证券肯定是没错的。

在网络证券中，可以允许未成年人开设账户的证券有SBI证券、乐天证券等。我们要选择可信度非常高的公司开设账户。

·SBI证券

在网络证券里，它的账户数量是排第一的。买卖手续费低，商品丰富，最低可以投资100日元。它与SBI银行合作，普通存款的利息比较可观。虽然它对任何年龄段的人都开放，但未成年人想要开设账户的话，其父母（监护人）必须要在SBI证券里拥有账户。不过，根据新规定，如果孩子能和父母一同去办理的话，就算父母没有账户，也是可以给未成年人开设的。

· 乐天证券

　　商品种类丰富，交易时可以使用乐天市场。它与乐天银行合作，普通存款的利息比较可观。虽然它对任何年龄段的人都开放，但未成年人想要开设账户的话，其父母（监护人）必须要在乐天证券里拥有账户。最低可以投资100日元。

了解开设账户的手续

　　选择好证券公司之后，我们就可以登录那个公司的网站，开始申请账户了。

　　这个时候我们需要准备你与子女的社会保障与税收的号码（日本国民每个人配一个号码，姓名、住址、年收入、退休金、纳税情况、健康保险等全部统一管理），驾照或护照等可以确认你本人身份的证件，监护人和子女的交易同意书，以及可以确认亲子关系的户口本等。

基本上所有的网络证券，在扫描过所有的证件，拍摄完证件照，并上传系统之后，申请者的准备工作就完成了（特殊情况下还可以用邮件寄送）。

手续办完后，账号和密码会发送至邮箱。登陆之后，该账户就进入了准备交易的状态。

为了解决新手的疑惑，他们还设定了"一般账户""特定账户"和"有无代扣"等选择项。

"特定账户""有无代扣"等词汇，听起来很陌生，可能会让人不知所措，刚开始的话，我们选"特定账户"和"无代扣"就可以了。

原因就是它们简单，产生的麻烦少。想要详细了解的话，就请往下接着读，如果觉得自己不了解也行，你就可以直接跳到下一段内容。

特定账户和一般账户的区别在于"年度交易报告书"，一个是需要自己做，一个是由证券公司来做。如果投资活动每年的收益在20万日元以上，则需要进行确定申报，并进行纳税。

"年度交易报告书"在这个时候就是一种必需的文件，用来记录一年间买卖的历史，并计算其盈亏。一般账户的交易盈亏计算，必须要自己进行。而特定账户话，证券公司会帮你完成。

有无代扣的区别则是：有代扣的情况下，一些手续会由证券公司代为办理，从而无须进行确定申报。而无代扣则是由自己来办理确定申报的手续。

看到这，大家可能会觉得，不需要自己动手的有代扣会比较好。可是，你要是选择了这个，即便你的年度收益在20万日元以下，它也会在利润产生的时候自动扣除你20%的税。

利用平衡型投资信托的长期分散储蓄投资，最初的利润会非常少，肯定不会达到20万日元，所以"特定账户"和"无代扣"的组合是最方便的。

能实现分散的投资信托

开设账户后，如果能进行交易，就通过储蓄去购买平衡型投资信托吧。

顾名思义，平衡型投资信托包含日本的股票和债券，以及外国的股票（包括发达国家和发展中国家）和债券，并且可以平衡覆盖这些商品。

只要买了一个，就可以在多个对象之间进行分散投资。

不过，平衡型投资信托包含很多商品，人们会烦恼到底该投资哪一个。

我推荐大家选择"世界经济指数基金"（三井住友联合企业资产管理）和"eMAXIS 平衡8资产均等型"（三菱UFJ国际投资信托）。

> · 世界经济指数基金（三井住友联合企业资产管理）
>
> 　　这家平衡型投资信托可以投资世界的股票和债券，手续费（信托报酬）也很低。

> · eMAXIS平衡8资产均等型（三菱UFJ国际投资信托）
>
> 　　包含全世界的股票、债券，以及其他国内外的房地产投资信托（投资机关对不动产进行投资，然后将利润分配给投资人）。

投资信托的商品一览和商品检索，大家可以去看看它们的发行说明书，上面有详细的记录。

　　确认后，储蓄金额和每月的购买日就会被确定下来。接着，你就可以开始利用投资信托进行长期分散的储蓄投资了。再然后，你基本就不需要去管了。要是你过于频繁地去确认你的投资成果，你可能会因为它的短期变动而产生心理上的动摇，所以我建议大家最好还是不要去管它。

　　这种投资成果的确认，半年一次，或者一个月一次就够了。这样可以防止自己因为短期的盈利或亏损而影响心态。

　　大家可以利用第三章提到的金钱与社会的话题，创造一个与孩子讨论金钱问题的机会。

让孩子学习金钱与社会的知识

$ 可以在零花钱上设置"日元"和"美元"的选择项

　　我在给孩子零花钱的时候，总会让他们选择，是想要日元还是美元。在日本，美元要是不兑换成日元是基本无法使用的。但是，如果接受美元的话，可能会额外获得一点儿收益。

　　那么，为什么美元不能顺利使用，我还要给他们美元呢？这个故事还得从我的长女上小学二年级，也就是2003年的时候讲起。

　　当时，我在一家外资企业，他们发给我的工资是美元。

　　平时我很少接触美元，因而对于这"突如其来"的美元，我有点不知道该怎么处理。突然，我想到，如果把这些钱给孩子们，会怎么样呢？

　　那个时候，我的长女还没有见过美元的纸币。于是，我就试着给了她一张，然后，她的反应很有趣。她盯着这张纸币，觉得这个东西长得像钱，但又跟常见的钱不一样，因而感到很不可思议。从那以后，"美元零花钱制度"正式开始实行。

在第一章里介绍我们家的零花钱处理方式时，我都是以日元为单位的。其实，到底是要美元，还是要日元，我的孩子们是可以选择的。如果选择了美元，则他们随时可以在"爸爸银行"里进行兑换。

这对负责分发零花钱的父母们来说，可能会很麻烦，并且还会有一定的成本。因为这样一来，我们平时就要准备一些美元，而且到银行兑换时还会被收取一定的手续费。

可即便如此，"美元零花钱制度"的实行，还是有很多的好处。

最大的好处就是可以提高他们对社会的关心程度。

我们家的孩子，从小学三年级开始就会有零花钱，所以他们也可以从这时开始接触美元。

刚开始的时候，我会跟他们说清楚："这种纸币不是日本的钱，而是美国的。"之后，我们就会拿出地球仪和世界地图，让他们了解一下美国这个国家，并且告诉他们关于加拿大、墨西哥，以及这些邻国所使用的货币情况等。

而孩子们对这些感到莫名其妙，甚至厌烦。这些反应都是很自然的。如果无理地强塞给他们一些信息，显然是没有意义的，因而大家可以每月跟子女们讲解一点。

孩子们在拿到美元之后，肯定无法直接使用，这时他们就会开始思考，怎么才能把钱花出去呢？

对一个10岁的孩子来说，去银行兑换成日元，这种事情，显然是难以理解的。因此我们只需要告诉他们"美元只能在美国使用，不过可以把它们换成日元"就可以了。

这样一来，他们就可以借着每月领取零花钱的机会，将自己的目光投向海外。

去一些可以使用美元的场所试试看

得到美元的孩子，在"爸爸银行"进行兑换的时候，他们可以借此了解最佳的兑换时机。

举例来说，一个孩子每月可以得到10美元（约1000日元）的零花钱。

某年某月，日元汇率上涨，1美元约等于99日元；某年某月，日元汇率下跌，1美元约等于110日元。这样的话，同样是

10美元，得到的却是990日元和1100日元。

虽然差距只有110日元，但零花钱达到1000日元对于孩子来说还是很重要的。由此，我们可以培养孩子们的汇率意识。

另外，作为"美元零花钱制度"的先驱者，我家长女在上中学的时候每月只兑换三成或四成。除了需要消费的那部分，剩下的美元，她会存起来，等到汇率对自己有利的时候再去兑换。

当然，她这种处理方式也不一定就是正确的。

在得到美元的时候，我们会想到，要到一个可以使用美元的地方去旅行，通过这种想法我们可以认识到，钱是一扇可以通往世界的大门。此外，更重要的是，我们可以借此感受到金钱与社会的关系。

💲 谈论金钱问题之前要考虑一些前提条件

我在与孩子讨论金钱与社会的话题之前，有四项重要的原则：

- 己所不能，勿施于人
- 在想法和做法上绝不强制
- 不对孩子们的消费方式说三道四
- 觉得好，就要夸奖

父母做不到的事，如果强加给子女，他们就会非常不认同，因而无法真心接受。就比如说，某对父母，在自己根本就没有记账本，也没有实践过消费、浪费、投资三分法的条件下，突然强行要求孩子对本月的零花钱进行记账，这样的话，子女们也只能顶撞父母了。

要是想让自己的孩子了解金钱与社会的问题，父母就必须先进行学习，以准备解决孩子提出的问题。

当然，父母不需要回答孩子所有的疑问。对不懂的事情，大家一起研究、一起解决，这样就可以加深我们与孩子之间的交流。

不对孩子们的消费方式说三道四也很重要。

在对子女的教育上，相比于关心，父母给予一些"这样做""那样做"的指示，并发挥一些强制力，更有利于教育。

但是，金钱意识的培养是一项长久的工作。父母如果一直施加干预，让孩子的成长中没有消费上的失败，那么子女在进入社会后，其金钱意识就会有所偏差。这样的结果，就有可能是他们会利用信用卡进行一些分期定额付款。

所以我们还是有必要设定一些零花钱制度，并尝试给一些美元，然后让他们学会记账，以便增加自己的零花钱，由此也可以帮助他们在认识汇率的基础上，以自己的方法开始行动。

培养预见未来的能力

觉得孩子做得好，就要夸奖。

比如，对零花钱进行记账的时候，有计划地消费的时候，将时事和经济结合起来考虑问题的时候，你就会感觉到，孩子真的在成长，这时你就可以夸奖一下："你真厉害！""做得不错！""我都没那么想过。"……

孩子之前可能会乱花钱，但后来，他们的消费变得更理性。这个时候，你不要认为，这是理所应当做到的，而应该认为是"可喜的进步"，从而对子女进行褒奖。

前文提到，我们会把孩子的压岁钱或其他亲戚给的零花钱存在一个账户里，并且将其与孩子零花钱不够用时用来补充的钱分开进行管理。

孩子在上小学的时候，可能连为半年后做准备的意识都没有。不过，我们把一年的零花钱都交给他们进行管理，可以慢慢培养他们规划未来的意识。

子女们的压岁钱，我们多少还是会给他们一些，因为每月都要用零花钱买一些想要的东西，所以剩下的钱会很少。这样一来，消费的选择面则会变窄，自然就无法让他们学会为未来做计划。

因此，考虑到多一点剩余资金或许更能帮助子女进行规划，我们决定从压岁钱里拿出一部分，来补贴他们的零花钱。

这样的话，年龄较小的孩子就会看到哥哥姐姐们的金钱处理方式，进而他们也不会把这当成是一大笔消费资本，而是会去思考这一年间的预算，为了将来进行储蓄，其视野也可以由此扩大。

而且，当他们把压岁钱等临时收入储蓄起来的时候，就必然会用到他们的专用账户。利用这个账户，子女不仅可以把每月的零花钱，或者在某些活动中得到的临时收入存储起来，还可以定期检查自己的余额。

当看到自己的账户余额时，他们就会真正地感觉到自己正在慢慢积累资金，由此可以在储蓄方面获得自信。而我们做父母的，此时就要夸一夸他们："真厉害，你也学会存钱了！"

涉及自己的事情，孩子就会对钱很认真

孩子上初中、高中之后，他们就可以管理自己的储蓄账户了。

其实，现在的中学生已经有能力思考未来，并把自己每月

的零花钱和账户里的钱结合起来，有计划地进行消费。

比如，刚上高中的四女儿，是一个职业摔角①迷。

有一次她得知，一件印有新日本职业摔角联盟选手的卫衣开始发售，于是她非常想买。但是那件卫衣的价格是8000日元，她的零花钱肯定是不够的。然而如果把手头的钱全都用上的话，她以后就没法和同学们一起出去玩了。

因此，从那时起，她每月会存1000日元，4个月后，她攒下了4000日元，再到夏天结束时，她终于如愿以偿，买下了那件卫衣。

当我问她为什么不一次性拿出8000日元来购买时，她回答说："因为我以后还有想要买的东西，所以这一次无论如何也要忍住。"

如果父母拿出8000日元，帮她买下了这件卫衣，虽然她会感到高兴，但她对这8000日元也不会有什么感觉。而用自己的零花钱或压岁钱来买的话，虽然这些钱依然是来自父母的钱包，但是由于她本人做了详细的计划，因而她能够意识到钱的重要性。

---

① 摔角：一种带有表演和戏剧成份的体育娱乐项目，与摔跤不同。

　　只要是涉及自己的事情，孩子们就会对消费计划变得很认真。

　　我们成年人无法存钱的原因，无非就是没有那个精力。而为了让孩子存钱，避免以后为钱所困，我们就必须让他们在这方面倾注一些精力。

$ 什么时候开始教？教什么？教到什么程度？

父母可能会问，孩子在某个年龄段，我们应该教他们些什么东西？教到何种程度？

这个问题没有一个通用的完美答案。每个孩子都是不一样的，而且他们成长的过程也都各不相同。

某次祭祀活动中，上小学二年级的儿子看到了一个卖棉花糖的售货摊。看着那五颜六色的棉花糖，他说："我想买点棉花糖，用自己的压岁钱买。反正是用我自己的钱来买，应该没什么问题吧？"

在祭祀活动上买棉花糖，他的想法我能理解，然而，一个棉花糖要500日元，这是举办祭祀活动时才会有的价格。

一旁上小学五年级的五女儿说："500日元可不是说给就给

的。家里有制作棉花糖的机器，回到家我给你做。"

确实，我们在某次圣诞节的时候买了一台棉花糖制造机。有了那个东西，利用家里的食材，自己在家就能做棉花糖。

最后，孩子还是勉强同意了。要是我说："太贵了，别买！"孩子肯定会坚持认为："又不花你的钱，能有什么关系？"

姐姐的提案给了弟弟其他选择的可能性。

把这份钱省下来之后能不能买其他想要的东西，姐姐说的话到底对不对，我不太敢肯定，但是正是由于这种孩子们在每个年龄段都会犯下的一些消费上的错误，他们才能得到成长。

不过，在成长的过程中，父母们也有一些想象不到的烦恼。

之前曾劝弟弟要节约的五女儿，有一段时间因为零花钱不足，每月都要从压岁钱里拿出一部分，导致压岁钱几乎被用光。妻子看了她的账本，感到很不可思议，于是就问她："最近零花钱不够花吗？"五女儿回答："确实有点不够。"

原来，那个时候是夏天，她和朋友们一起去游泳了。

"交通费每次需要170日元，泳池也不是免费的。玩完之后还要一起去喝饮料，这样一来钱花得就会很多。而且，去游泳之后，漫画杂志也买不起了。"

此时，作为父母，我们可能会觉得：孩子应该早点跟我们说不是吗？

但是，他们本人已经在很努力地控制自己的零花钱了。可即便是有计划的消费，我们还是会有烦恼。最后，我们把她的交通费算在了家庭总支出里，问题才得以解决。

父母应该遵守的一个原则

什么时候开始教？教什么？教到什么程度？这些问题没有标准答案。我们作为理财规划师，也能切身体会到，我们的六个孩子其成长过程是各不相同的。

擅长节约的长女，脚踏实地的次女，容易冲动消费的三女，擅长计划的四女，学习四个姐姐并不断成长的五女和长子，他们得到零花钱的方式，参与家庭管理会议的方式，以及所处的环境都是大同小异的，但他们的金钱处理方式却大相径庭。

不过有一件事是肯定的，这些孩子都曾有过一次性把零花钱花光，然后因此没钱买其他想要的东西而愁眉苦脸的时候。我们要杜绝这种情况的再次发生，因此这个时候，父母一定不能轻易伸出援手。

没有计划性的消费，就是孩子的失败。

比如，远足的时候肯定要准备一些点心，可由于孩子的非理性消费，导致他们买不了吃的东西。这个时候，父母就要狠下心，让他们吃不到点心。

这样做，虽然孩子可能比较吃亏，但他们可以借此意识到，自己应该好好思考自己的消费方式。

而一旦父母在这个孩子可以有所学习的关键时刻出手相助，他们就有可能认为，"反正父母会帮我，不用担心钱的问题"，然后重复同样的错误。

任何孩子都需要经历失败，等他们到了可以有零花钱的年龄，就可以尝试去实践。除此之外，我们还要针对每个人的特点，与他们进行关于金钱问题的交流。

你和孩子对金钱问题的共同讨论，可以成为你最好的教育手段。

⑤ 公开家庭收支的重要意义

　　我在第一章里介绍过，在家庭管理会议上，包含我的收入、支出、投资在内的所有储蓄状况，都会公开。

　　这也是为了增加家庭成员之间关于金钱的交流。而我的子女们，作为家庭的一员，也与我们的家庭经济有很大的关联。无论是现在、过去，还是将来，无论是成功，还是失败，我们都会共同承担与负责。

　　昭和时期，与家庭经济有关的收支情况只有父母才知道，他们是不会对孩子公开的。之所以会有这种状况，或许是因为父母不希望孩子操心家庭经济问题。

　　可是，从孩子出生到成家立业，他们一直是家庭的一员，我们真的有必要跟他们隐瞒家庭的经济状况，避免他们操心吗？

很多父母，为了自己的家庭，都在孩子们无法理解的环境下，拼命努力地工作，并且每天都对自己的收支做着详细的计划。可是，既然这么努力地经营着家庭，如果我们不把自己的努力和想法告诉给孩子，这样也不太好，不是吗？

召开家庭管理会议，父母的一些浪费行为也会被公开。

平时都是我们对孩子说"你不能这样花钱"，而这样一来，我们就给了孩子一个"倒打一耙"的机会。即便如此，我还是认为，与孩子讨论金钱问题，让他们更早、更深刻地理解金钱与家庭、社会的关系，是很有必要的。

有些人可能会认为，一旦出现收入减少，或拿不到奖金的情况，在如实告诉孩子之后，可能会让他们感到不安。

可是我并不这么想，因为钱不会无缘无故地落进你的口袋里。如果想要孩子认识到挣钱的不易的话，还是让他们去直视家庭经济的现实状况比较好。

一位向我做过咨询的人，也开始进行家庭管理会议，并且跟孩子们坦白"自己还在欠钱"。刚开始他还担心，孩子会因此受到影响。但在开过会，让孩子了解了家庭经济的实际情况之后，为了帮助家人还钱，孩子也开始努力节约。

看到孩子也在省钱，这位大量借贷、不善于规划经济的咨询者，也开始调整心态，认真改善自己的经济条件。

让孩子了解自己需要多少学费

家庭管理会议真正能够让人体会到其对孩子的积极影响的，还是在教育费用方面。

一般说来，一个孩子从开始上学到大学毕业，在所有的学校都是公立学校的条件下，至少需要花费1000万日元。

另外，根据文部科学省的2016年学生学习费用调查，从幼儿园（3岁）开始到高三的15年间，在所有的学校都是公立学校的条件下，学习费用总额约为540万日元，而在私立学校的条件下，总额约为1770万日元。

与之前相比，大学的学费负担变得更重，根据日本政策金融公库的"教育费负担状态调查结果"（2016年）从入学到毕业，公立大学需要485万日元，私立大学文科专业需要695万日元，私立大学理科专业需要880万日元。

从幼儿园到大学毕业，在所念的学校都是公立学校的条件下，需要花费1025万日元。而在私立学校的条件下，总额约为2500万日元。

虽然有这样的调查结果，但是我们还是会向孩子们公开家庭支出的教育费用。长女的初中和高中都是私立学校，因而她的学费比较高，在家庭管理会议上，经过她本人的同意，我们不再让她去上补习班。

相反，次女的初高中上的都是公立学校，所以她提出"因为上的是公立高中，所以想去补习班"，这个提议在家庭管理会议上通过了。

孩子们的教育费用动辄就是每月数万日元，因而它对家庭的影响很大。孩子们有必要知道，自己的学费都是父母拼命赚来的。我们不仅要告诉他们，要让他们努力地学习，还要让他们了解，自己是家庭中很重要的一员。

$ 把世界时事和金钱结合起来

电视和网络上的新闻，都可以成为孩子们了解金钱和社会的理想教材。

我们家开始培养孩子们的金钱意识，是在长女上小学中高年级、次女上小学低年级的时候。那时有很多身背借贷的人来找我咨询，因而我也想让我的孩子们知道大量借贷的恐怖。

可是，如果我跟学校的老师一样，发一些讲义，跟他们讲解过度借贷的可怕之处，孩子们肯定也没心思听。

想到这一点，我就尝试在日常的对话中加入金钱与借贷的话题，并让他们将这些与自己的生活联系起来进行思考。

比如，当看到一些关于借贷的新闻的时候，你可以问一问孩子们："人们为什么要去借钱呢？""为什么他们借钱之后会还不上呢？"然后根据他们的回答，进行下一步的交流。

　　这种方法能让孩子对借贷的可怕之处了解到什么程度，我无法预测。但至少，他们可以对这类问题更加关心。

　　美元零花钱制度，也有同样的效果。

　　孩子们在拿到美元的时候，自然也会对美国、美元汇率、日元汇率的相关消息产生兴趣。

　　举个例子，2008年雷曼事件发生的时候，长女上中学，次女上小学，但是她们都知道，美国发生了这么重大的事件，美元会贬值，日元就会相对升值。

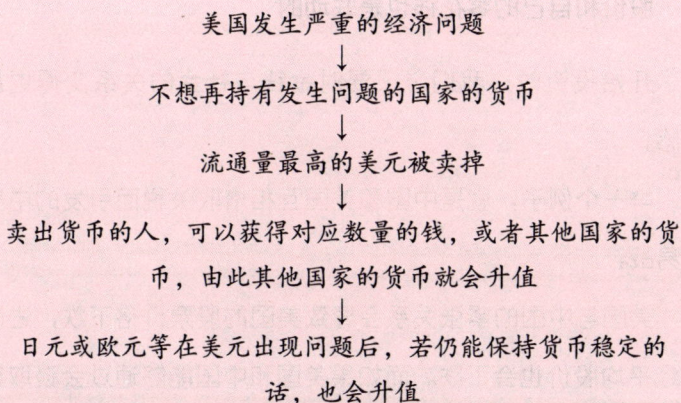

美国发生严重的经济问题

↓

不想再持有发生问题的国家的货币

流通量最高的美元被卖掉

↓

卖出货币的人，可以获得对应数量的钱，或者其他国家的货币，由此其他国家的货币就会升值

↓

日元或欧元等在美元出现问题后，若仍能保持货币稳定的话，也会升值

当然，雷曼事件引发的次贷危机，以及因此而破产的雷曼兄弟是一个怎样的公司，这些问题他们肯定不会立马就了解。但是，新闻上报道的事件，以及日元升值美元贬值的主要原因，他们肯定都能懂。

这些时事与金钱的关联性，学校是不会教给孩子们的。也正因如此，虽然我们需要把这些东西告诉给子女，但是单单说一句"世界经济出大事了！"对孩子来说没有什么现实意义。

孩子在拿到美元的时候，会感觉这件事情与自己有关系，基于这种想法，他们肯定会认真地听你讲述。

股价和自己的零花钱也是联动的

开始投资时，我们必须要对金钱与社会的关系变得更加敏感。

举一个例子，就是中国和美国互相增收关税而引发的中美贸易战。

美国与中国的紧张关系会导致美国的股票价格下跌，进而日经平均股价也会下跌。而如果美国和中国能够通过会谈取得一个建设性的结果，则股价肯定会回升。

　　不过，你要是马上就和你的孩子说"美国和中国正在商讨，所以未来的经济一定会变得景气，股价也会回升"的话，可能有点早，因为两国的关系还在持续变化中，所以事情到底会怎么样，还不一定呢。

　　不投资信托的话，一个人就会远离世界经济。但是，在开始投资信托后，我们会对自己投资的商品、其价格的浮动和世界上的时事进行关联，即便是枯燥的新闻，我们也会产生兴趣。

　　股票市场的动荡不仅仅出现在日本和美国，世界上的每个国家都会有，而且它们都与世界大事相关联。

　　而孩子们如果能抓住这样的感觉，也就意味着他们可以开始投资了。

$ 你打算在将来怎么挣钱?

我们家的孩子，上了高中，就会去做兼职。

不过，这必须要保证不能影响到学习，且一定要避免做兼职做到深夜的情况。对于学生来说，学习还是第一位的，只要满足这两点，我们还是会同意他们去打工。

通过人们对金钱和社会关系的思考，我们可以看到，人们对挣钱的重要性的认识千差万别。

比如，我曾经借过钱，还因为还不上而苦恼，也曾经因为明知浪费可耻却依然不断地乱花钱。正是因为我有这种明知故犯的经验，所以在处理别人的咨询时，这些都会很有用。

说实话，如果尚未了解劳动的重要性和挣钱的重要性，就去学习金钱知识，我总会感觉，一些最根本的部分（这些是我最希望大家了解的），我肯定教不会。

每天做自己的工作、管理仓库的商品、被店里的客人抱怨……

当然，你肯定还会有老板的称赞、同事的认可、顾客的感谢……

兼职也是一样，在时薪发生变化的时候，孩子们也能感觉到，挣钱真的很重要。

这些显然要比单纯的口头讲述金钱很重要要有用得多。自己辛苦劳动挣来的1000日元，与其他途径得来的钱相比，重要性肯定不一样。

我们家的孩子都能意识到，这是他们辛苦工作1小时挣来的1000日元，因而也经常告诫自己，不要乱花钱。虽说学生的学习是第一位的，但是高中生做兼职，积累挣钱经验，这是一种很重要的社会实践。

而且，工作的时候，我们会和各个年龄段的人打交道，还要处理生意的进展，承担责任的紧张感，选择提意见的时机所需的忍耐等，这些都是我们直接或间接的实践经验。

上大学之后，要自己承担一部分学费

这是我们家的一个独特规定，当孩子上了大学，或者一些专科学校之后，其本人需要承担一部分学费。当然，那部分学费，最终并非一定是由他们自己支付。我们可不希望他们因为付不起学费而退学，我们只是想通过这种做法，让孩子认识到，学费也是自己的事情。

虽然学生们有发放型以及借贷型的奖学金①，但这些在未来会成为一种极大的负担。为了避免他们使用奖学金，我们就选择了让本人承担一部分，然后父母承担一部分这种方式。

至于具体的额度，如果一年的学费为120万日元，则孩子自己需要承担的金额为50万日元。已经上了大学的孩子，就会以这个金额为目标，选择适当的兼职。

这个时候，子女已经可以考虑自己的事情了，要是父母全部承担学费的话，他们就不会理解学习的重要性。大学里的课程，几乎可以说是想去就去，不想去就不去。如果总是旷课，孩子们在大学里就会变得无所事事。

_____

① 日本大学设立的奖学金分为两种，分别是发放型以及借贷型，借贷型还分为免息和有息两种。也就是说日本的大部分奖学金更相当于助学贷款，是要偿还的。

大学四年需要花费数百万日元，父母们当然会希望子女的大学生活应该更加有意义。让孩子自己承担一部分学费，则可以避免他们随意旷课。

但是，我们家对于子女的学业，肯定不会采取"想干什么就干什么"的做法。我们会在他们感受到劳动重要性的同时，让子女自己选择自己的理想学校，并为他们提供学习生活所需要的费用。

高中时代和大学时代能有这样的经历，子女们就会因为自己付出了劳动，避免一些选择上的错误。

⑤ 贫穷是不幸？富有是幸福？

我在成为理财规划师之前，曾经在司法文书事务所工作过，在那里我见到过很多因钱而苦恼的人。

曾有一位咨询者说，自己曾经借了300万日元，但由于债务整理和额外支付等原因，这些借的钱很快就用光了，说着说着，咨询者的表情都发生了变化。这种情况，我见过很多。

他们对破产的担心显然是多余的，因而得知这一点之后，多数咨询者会显现出松了一口气的表情。不过，还是会有一些人的反应，令我意想不到。

有些人会突然变得生气，对我展现出一种令人不解的强势。"我的钱什么时候能回来？""快点帮我想想办法！"……他们就这样一直逼问着我。

人的性情会因自己的经济状况而改变。这也是金钱的作用之一。

钱既可以带来安定和幸福，也可以招致混乱与不幸。基于我与那些因多重债务而烦恼的人交流的经验，我决不会轻易断言"贫穷也是好事"。有时对于那些没有什么挣钱能力的孩子来说，不做无意义的劳动，已经算是一种幸福了。

即便达不到富裕，也要摆脱贫穷，这是我在与那些出现家庭经济赤字的人进行交流后，所产生的想法。

现实中，有很多人非常努力地工作，收入却并没有增加。

但是，认真规划家庭支出，是肯定会摆脱贫穷状态的。赤字基本都是由于没有注意到应该削减的浪费而形成的，因此，只要调整一下消费内容，即便收入不增加，经济也会有所改观。

有些人，年收入也就二三百万日元，但他们依然能够一边教育孩子，一边认真存钱。相反，有些人年收入超过了1500万日元，已经达到了富裕的水平，可依然会因为经济问题多次找我咨询。

虽然有能力挣钱，但挣的钱都花光了。所以，有一对夫妇曾说:"没有存款才是工作的原动力。"这样的意见,我还是挺认同的。

原因就是,有无存款,与人的幸福是没有直接关系的。

在金钱问题上自己的"轴"很重要

还有一点很重要,就是拥有一个自己的"轴",并且,也一定要让孩子们在金钱问题上有一个自己的"轴"。

现在的贫穷与富裕,完全不是问题。

企业家兼经济评论家邱永汉在一本著作中写道:"有钱未必幸福。普通人1万日元就能玩得开心,但有钱人就不行。客观上来看,有钱人貌似很幸福,但实际上并非如此。"

因家庭经济赤字而烦恼的人,大多数的消费动机或目的过于模糊,而且,这与他们的收入多少并没有什么关系。

所以,我们应该秉持这样的消费观念:自己是什么经济条件就进行什么程度的消费,而且支出时一定要结合自己的价值观。

只要有了自己的"轴",我们就可以针对一些对自己很重要的事物进行认真消费,并抑制无用支出。这样一来,我们消

费的时候就不会再后悔，就可以基于自己的目标和行动选择最
合适的投资，并让自己获得满足感。

即便现阶段我们不富裕，但我们可以通过张弛有度的消费
来让自己感到满足，由此感觉到快乐。这样家庭经济改善，我
们就会在金钱方面变得自由，进而增加收入。

这个时候，我们便培养出了自己的"轴"，还能够因此感
觉到我们在经济上的选择面有所扩大，并且切身体会到富裕带
来的快乐。

💲 金钱的价值是在不断变化的

另外，还有一件事情，我每天都在思考，并想要传达给我的子女。那就是我们行动时一定要考虑现在的价值和将来的价值。

举个例子，假设你现在手头有100万日元。

如果你投资时的利息为5%，那么一年后你就有105万日元。这一点大家都明白，而且，只要不是短时间内需要现金，人们应该都会选择进行投资。

现在的人、金钱、企业或者商品，将来其价值都会产生变化。我们虽然理解这个道理，但还是经常会被某个事物现在的价值所诱惑。

因此，虽说我们应该去投资一个利息为5%的项目，但是很多人现在还是会优先保留那100万日元。同理，在帮助子女选择工作时，父母们更倾向于现在比较稳定的企业，而非将来可以帮助孩子成长的企业。

现在的价值，在将来既有可能往好的方向发展，也有可能往坏的方向发展。

我在第二章里介绍过长期分散的储蓄投资，这其实就是一种让金钱的价值在未来往好的方向发展的一种方法。

当我们将这种意义告诉给孩子之后，他们也会试图想象甚至模仿。每月投资500日元，年利率3%的话，10年后，他们就会有6万日元的本金和1万日元的利息。

成年人可能会质疑，10年才能获得1万日元利息吗？可是，对于一个10岁的孩子来说，1万日元算是巨款了。

重要的不是金额大小，而是对利用时间"让金钱为自己工作"这件事的认识。现在，我的孩子们就可以意识到，现在的500日元，在10年后的将来，会给自己带来一大笔钱。

同样的，现在某些小公司可能还不为人知，但在10年、20年之后，它们有可能成长为社会不可或缺的企业。这种事情，我们也见过很多。

比如，1994年亚马逊刚刚成立的时候，没人会想到25年之后它能发展到现在这个规模，这其中也一定包括它的创始人杰夫·贝索斯。

现在的价值和将来的价值的增减，其钥匙就藏在时间里。

孩子们并没有金钱+时间这样的认识。不过，如果能让他们尽快学会运用时间的作用来使将来的价值增加，他们的行动就会产生变化。

从现在开始投资

为了让价值增加，我们应该怎么使用时间呢？关于这一点，我希望大家了解两种投资。

一种是我在第二章里讲述的金钱的投资。时间与金钱相乘，将来你的金融资本会明显扩大。

另一种是自身投资。也就是把你自己与时间相乘，可以扩大你的劳动成果，也就是说你的个人资本会提升。

无论是哪种投资，都是关系到未来生产性的消费方式。学习、买书、和家人在一起的时间、劳力、情绪等，都可以成为自身投资。

它的重点在于，这些东西不一定是在现阶段所必需的，但你所学到的东西，无论是对你自己，还是对他人，一定是有用的。

比如，我现在拥有理财规划师的资格。但是，光有资格还不行，没有知识和经验的话，对别人也没什么用。所以，拿到资格后，我还要花时间和金钱收集一些信息，增加一些体验，为了能体现自己的作用，我需要比其他任何理财规划师都要努力。

这些金钱、时间，以及付出的劳动，都是帮助自己增加未来价值的自身投资。

自己的成长越大，所得的金钱回报也就越大，此外你还会因此得到家人的感谢，以及他人的积极情绪，这些都是钱买不到的。

自身投资，一般要从现在开始。因为，人这一辈子最年轻的时候，就是现在。我们应该观察现在，思考未来，向着正确的目标迈出第一步。

$ 了解了公司运营，就会了解股票

　　五女儿所在的小学，开设了与金钱相关的课程。

　　课程的主题是"公司"。他们会把班级当作一家公司，设定事业计划，并募集资金，然后利用这些本钱尝试盈利，是一种实践性质的课程。五女儿的班级叫作"四年级一班株式会社"。

　　他们的事业计划是制造并销售环保袋。出资人都是学生们的监护人，每个家庭的出资额都是100日元。

　　班里大约有20个人，所以总出资额就是2000日元。另外，学校会给一些补助金，这就相当于在金融机关融资。

　　而在集资之前，学生们都觉得，这样的资金是很重要的，应该谨慎使用，于是便一起商讨：

· 制造环保袋的原料从哪里买比较便宜？

· 用缝纫机缝吗？

· 需要熨印吗？

· 熨印需要花多少钱？

大致的开支算出来之后，他们就自己去布料店买布，利用家庭教室①的缝纫机缝合，然后印上"请爱护我们的学校与环境"，最后拿到当地的商业街区出售。

售价是每个400日元。

价格看似有点高，但这是大家基于布料购入费、缝纫作业、熨印的加工费、熨印用纸的费用、缝纫和熨印所用的电费以及人工费等各项费用共同决定的价格。

在销售的时候，学生们就站在那里，高喊着："我们是四年级一班株式会社！我们正在出售环保袋！"之后，街上的行人

---

① 日本学校设有"家庭科"的课程，在专门的家庭教室上课，教学生如何做家务。

纷纷前来购买。

到最后，我女儿跟我说，这些收益，平均每个家庭可以分到120日元（后来我听说这些钱都捐给学校的活动了）。

虽然学生们对于公司及其销售与盈利，依然是一知半解，但是这样的实践课程让他们进行了有效的学习。

我的女儿也告诉我，听到顾客们说"这袋子真不错"，她感到很高兴。

拿身边的事给孩子介绍公司投资

购买投资信托之后，我们必然会投资股票。

当孩子们问你"什么是株式会社（股份制公司）"的时候，你该怎么回答？综合金钱和社会来考虑，公司是一个不可或缺的东西。

公司是一个由众多工作者组成的集团，它们会为了社会事业而不断努力。无论是为了新事业，还是既存事业，都必须要募集资金，这个时候公司就需要发行股票。以"四年级一班株式会社"为例，家长们一律出资100日元，就相当于家长们购买了"四年级一班株式会社"发行的股票，家长们就是股东。

事业进展顺利，能为社会创造价值，那么这家公司就会被人所认同，股价肯定就会上涨。之后，该公司会将利润的一部分继续投资到自己的事业当中，而另一部分就会返还给股东。还是以"四年级一班株式会社"为例，每个家庭分到的120日元就是他们的分红。

就这样，拿孩子身边的事情来举例说明，会非常有效果。

比如，孩子们非常喜欢的游戏机的制造商、每个便利店都在卖的冰激凌生产商业，以及麦当劳餐厅等。

这些公司都在做什么事业，为什么这么有人气，他们未来的股价会怎么变化等问题，我们可以和孩子们一起调查，帮助他们了解公司的运营。

如果有多余资金的话，我们可以先买一些小型股票试一下。关注股价涨跌，以及公司所发表的新业务，这些都会帮助我们感受未来股票价值的变化。

$ 有意义的消费方式

回想过去，我没有在我的父母那里得到过关于金钱的教育。不过，有一句话令我印象深刻，那就是我母亲经常对我说的："要采取一种有意义的消费方式。"

刚开始我不理解这句话的意义，但是在进入社会，学习他人失败的经验，接受他人咨询，以及对孩子进行教育之后，我终于懂得了有意义的消费方式的含义。

能不能采取有意义的消费方式，会很大程度上影响一个人的生活。

比如，我所见到的商品以及服务，都是明码标价的。酒店休息室的咖啡是1200日元，便利店里的咖啡是100日元。

单纯地从数字上看，我们只能分出贵贱。我们很容易认为，酒店的咖啡太贵了，所以是无用消费，而便利店的咖啡很便宜，买它会很值。

可是，对于你个人来说，价格的高低能决定其本身的价值吗？

有人觉得"虽然有点贵，但值得一试"，也有人觉得"虽然便宜，但价值不低"……

我认为，母亲对我说的"要采取一种有意义的消费方式"，意思就是为了让要花的钱和已经花的钱更值得，我们必须要在消费时基于自己的价值观进行判断。

如果我们再仔细思考一下的话，或许觉得这很不可思议：1000日元就是1000日元，10,000日元就是10,000日元，无论在谁手里，其价值永远不变；无论是在领工资、买东西、借钱、还钱时，它们的价值既不会上升，也不会下降。

但是，同一种金额所产生的作用，对每个人来说是不同的。

在我们小的时候，10,000日元的压岁钱可以说是一笔不得了的巨款。

刚刚进入社会，拿到奖金之前，我还在想："我能不能这样花这些钱呢？"结果，一周之后，这些钱就被我花得一点不剩了。这样的经验你们有吗？反正我是"惯犯"了。

不仅仅是年龄，当时的环境、状况、收入，以及生活所必需的金额发生变化时，人们的感觉同样也会随之变化。发工资前，我们的钱包可能空空如也，如果能从包底翻出500日元，我们肯定很高兴。但对于习惯浪费的人来说，一下子花光1万日元，恐怕也会是很轻松的事情。

钱，是为了完成某件事才使用的。

换句话说，消费方式不同，其价值也会产生变化。钱要么变得有意义，要么只是单纯的消费和浪费。钱在不同的人手里，价值也是不一样的。

也就是说，人们每天与金钱打交道的方式、消费方式、生活习惯、环境等，各种各样的因素会影响到人们的金钱观。而这种金钱观，才是最重要的。

正因如此，我也希望我的子女能具备"有意义的消费方式"这样一种金钱观，并朝着这个目标而努力。

震灾让我了解了孩子们的成长

我们以后不打算给子女们留下什么财产，但是我们也想让孩子们能拥有一个自行调查和增加收入的能力，所以就实行了美元零花钱制度、家庭管理会议和零花钱记账的方式，以此来增加我与孩子讨论金钱的时间。

另外，我还针对投资，告诉孩子们，时间是他们的武器，并尽快地让他们着手实践。

这样做的结果就是，我的六个孩子都拥有了一个与自己个性相对应的金钱观。尤其是我那两个分别进入社会和上大学的女儿，相比于我，她们在十几、二十岁的年纪，就已经成为投资理财的"优等生"了。

当然，我也在担心一些事情。

假如，孩子对消费、浪费、投资的三分法过于认真，那么他们会不会因此变得吝啬小气，过分节约呢？

但是，东日本大地震发生后，我发现，我的担心完全是多余的。

大地震发生的当月月末，我们的家庭管理会议最重要的主题就是向受灾地区捐款。

我平时就经常鼓励孩子去捐钱。因为我基于对金钱与社会的关系的思考，经常告诉孩子们，他们生在日本、长在日本，一直接受着这片土地的恩惠。而且还有很多国家的生活基础设施很不健全，有相当一部分人，还在为每天的饮食而烦恼。

无论是大人还是小孩，我们总认为自己所见到的日常都是普通的。但是，接受良好的金钱观教育，利用零花钱培养金钱意识，从学生时代就开始投资等，纵观世界，这些事情可不普通。

因此，为了让孩子们知道这些，我经常告诉他们，捐款可以展示自己对他人的关心，哪怕你捐得很少。

有了这种背景，再加上我们的家庭管理会议，我们一致同意，每个人都要向灾区捐款。

不光是孩子们的零花钱，我们还决定从家庭总收入里拿出一部分，并对捐款金额展开了激烈的讨论。

我同意了捐款，不过没有考虑具体的金额。后来，以长女为中心的子女们就开始不停地追问："我们是只要捐几万日元吗？"

在孩子们的围攻下，我在预想的金额上又加了一些。

那天的家庭管理会议，一直是我们一个很欢乐的记忆。

我希望孩子们能有一种"不该省就别省"的金钱意识。正是因为有这种想法，我才经常和孩子们讨论金钱问题。而我也能感到，这种思想正在被子女们所接受。

子女们觉得，对有需要的人，就得多捐一些，并一直实践着这样的理论。而这就是一种有意义的消费方式。

金钱是实现人生理想的工具之一，一个人的消费方式，可以反映出其本人的特点。

你希望孩子有一种什么状态，又希望孩子看到自己的哪种状态？在金钱教育里，永远没有独一无二的正解。

首先，父母应该敞开心扉，主动讨论一些关于金钱和投资的话题。随着这种交流的进行，你和子女们就能找到适合自己的目标。

所以，我希望这本书能够激发你们所有的可能性。